Janine Schröder
Polit

Janine Schröder

Politisch motivierte Gewalt

Eine qualitative Befragung
in der linksautonomen Szene

Mit einem Vorwort von Prof. Dr. Jens Luedtke

Tectum Verlag

Janine Schröder
Politisch motivierte Gewalt
Eine qualitative Befragung in der linksautonomen Szene

© Tectum – ein Verlag in der Nomos Verlagsgesellschaft, Baden-Baden 2020
ISBN 978-3-8288-4503-9
ePDF 978-3-8288-7540-1

Umschlaggestaltung: Tectum Verlag, unter Verwendung des Bildes # 724120585
von LuizSouza | www.shutterstock.com

Gesamtverantwortung für Druck und Herstellung:
Nomos Verlagsgesellschaft mbH & Co. KG
Printed in Germany

Besuchen Sie uns im Internet
www.tectum-verlag.de

Bibliografische Informationen der Deutschen Nationalbibliothek
Die Deutsche Nationalbibliothek verzeichnet diese Publikation
in der Deutschen Nationalbibliografie; detaillierte bibliografische
Angaben sind im Internet über http://dnb.d-nb.de abrufbar.

Abstract

In recent years, research has begun to examine determinants of radicalization, theoretical concepts of violence and narratives used to neutralize it. However, empirical studies in the field of politically motivated violence that focus on perspectives and definitions of deviants are still lacking. Yet, little is known about subjective motivation to commit delicts for left-winged political reasons. To address current research gaps and in order to obtain more knowledge this study is based on four questions: (1) For what purpose is politically motivated violence used for? (2) How is politically motivated violence defined in the left-winged autonomous scene, how is it evaluated and to what extend is it inherent in left-winged protest? (3) What group-dynamical factors play a role in the process of radicalization? (4) When is the limit to use of violence exceeded and where does one draw the line between lawfully legitimate nonconformity and deviance? The qualitative Interviews of this study with seven active members of left-winged autonomous groups show a varying picture in definitions of (politically motivated) violence and resistance. Politically motivated violence is mainly defined as counterviolence or self-defense. Furthermore, violence is predominantly legitimated and neutralized by the perception, one's own wellbeing is threatened or by the social environment using violence. Groupdynamics have a major impact on how individuals act in situations of protest or resistance. Thus, the decision to exceed the limit of legitimate protest depends on experiences of violence and the tolerance of violence within the group. The findings of this study shed light on genuinely violence-based questions of definitions and motivations of radical protest in the left-winged autonomous scene.

Inhaltsverzeichnis

Abbildungsverzeichnis

Tabellenverzeichnis

Vorwort

In einer Zeit, in der allem Anschein nach die (zumindest vordergründig) politisch motivierte Gewaltbereitschaft und Gewaltanwendung im Bereich der politischen Extreme deutlich steigt, ist Forschung darüber sehr notwendig. Im Hellfeld liegt rechtsextremistische Kriminalität insgesamt in Zahlen sehr deutlich vor der linksextremistischen (gut 22 T. Fälle in 2019 gegenüber knapp 10 T.). Bei Gewaltstraftaten verzeichnen die Strafverfolger sowohl für das rechts- wie das linksextreme Spektrum etwa um 1.000 Fälle im Jahr (BKA 2020), bei allerdings deutlich unterschiedlicher Opferstruktur.

Bei Gewaltakteuren des extremen linken Spektrums richtet sich die angewendete Gewalt häufig gegen Vertreter/innen der staatlichen Kontrollorgane, zumeist im Rahmen von Auseinandersetzungen, die im Kontext von Großdemonstrationen wie dem G20-Gipfel in Hamburg 2017 oder auch jährlich am 01. Mai stattfinden und als „Konfrontationsgewalt" (Glaser 2013) bezeichnet wird. Dem entsprechend verläuft die Entwicklung linksextremistischer Gewalt auch typischerweise in Schüben um solche Großereignisse herum. Dazu kommen gewaltförmige Auseinandersetzungen bei Aktivitäten „gegen rechts" (BKA 2020).

Empirisch basiertes wissenschaftliches (Dunkelfeld-)Wissen zu jungen Menschen in gewaltaffinen linken Szenen liegt immer noch in sehr geringem Maße vor. Empirische Untersuchungen zu Jugendlichen in linksaffinen Szenen gibt es durchaus (z.B. Kühnel et al. 2016). Dagegen sind „wissenschaftliche Erkenntnisse zu militanten (Jugend-)Protestströmungen (…) kaum verfügbar; insbesondere zu den ‚Autonomen' liegen Einblicke vielfach nur in Form von Selbstbeschreibungen aus der Szene vor" (Glaser 2013: 9); eine der wenigen Ausnahmen bildet die qualitative Untersuchung von van Hüllen (2013), in der extremistische Einstellungsmuster erfasst wurden – nicht aber explizit die Gewaltbereitschaft, wenngleich die Befragten sich dazu selber äußerten (2013: 104 f.).

Genau in diese Forschungslücke passt die qualitative Untersuchung von Janine Schröder zum Gewaltverständnis, der Gewaltanwendung, den Gewalterfahrungen und dem eigenen Gewalthandeln von jungen Menschen aus linksautonomen Gruppierungen. Dabei geht es ihr auch um den Einfluss der linksautonomen Szene auf die Befragten, um gruppendynamische Faktoren, die eine Radikalisierung befördern können und um das von den befragten empfundene Gewaltverständnis der linksautonomen Szene. Sie leistet damit einen sehr beachtenswerten Beitrag, sowohl inhaltlich als auch mit Blick auf die praktische Umsetzung einer sehr engagiert und sehr gut durchgeführten qualitativen Forschung, die für ihre BA-Abschlussarbeit durchgeführt wurde.

Zur guten qualitativen Forschungspraxis gehört unbedingt, notwendigerweise und ganz umfassend die Offenheit als ein zentrales Prinzip. Das hat Janine Schröder in gelungener Weise umgesetzt als ein sich-Einlassen auf die Wirklichkeit der befragten linksautonomen jungen Menschen, das Interesse an den Personen und der Sache bei gleichzeitiger Nicht-Verbrüderung mit den Befragten. Es geht ihr in ihrer Untersuchung darum, die Lebenswirklichkeit, die Wahrnehmungen, die Selbstverortungen und das (Gewalt-)Handeln dieser jungen Menschen, aus deren Sicht zu rekonstruieren, um sie damit verstehen zu können. Durch die Verwendung episodischer Interviews war es ihr dabei möglich, sowohl das narrativ-episodische wie auch das semantisch-begriffliche Wissen (Flick 2014) einzubeziehen.

Von der inhaltlichen Seite betritt Janine Schröder mit ihrer Fragestellung, wie erwähnt, ein bislang wenig erforschtes Gebiet. Auch von der Seite der praktischen Umsetzung handelt es sich um eine sehr engagierte Forschung. Das zeigt sich gerade daran, dass sie die massiven Probleme bei der Herstellung des Feldzugangs und der Rekrutierung der Probanden, die durch das erhebliche Misstrauen der Klientel vor Interviews und dem potenziellen Verdacht der Kooperation mit der Polizei bedingt wird, mit sehr viel Geduld, Einfühlung und methodisch gesehen durch den Gatekeeper-Einsatz erfolgreich bewältigte. Es ist nicht nur bemerkenswert, dass die Interviews überhaupt stattfinden konnten, sondern dass sie zudem – legt man die Postskripte und die Feldphasenreflexion zugrunde – in einer vergleichsweise entspannten Atmosphäre abliefen.

Die Ergebnisse bewegen sich einerseits im Rahmen bisheriger For-schung (z.b. mit Blick auf das negative Staatsbild der Befragten), gehen aber z.b. mit den Darlegungen zur Konfrontation mit den Polizeibe-amten oder dem Sinn und Zweck der Gewaltanwendung deutlich da-rüber hinaus. Sehr interessant sind auch die theoretischen Verortun-gen des Gesagten im Rahmen von Neutralisierungsstrategien und Männlichkeitsmustern.

Janine Schröder hat damit eine inhaltlich sehr ertragreiche Unter-suchung zu einer Fragestellung durchgeführt, die für die Jugend- und Devianzsoziologie sowie die politische Soziologie relevant ist. Auf-grund der einschlägigen Ergebnisse kann diese Untersuchung für die wissenschaftliche Analyse linksautonomer Akteure und linksautono-mer Gruppierungen sehr hilfreich sein.

Augsburg, im Oktober 2020
Prof. Dr. Jens Luedtke

Literatur:

Bundeskriminalamt (BKA) (2020): Politisch motivierte Kriminalität. Wiesbaden (unter: https://www.bka.de/DE/UnsereAufgaben/Deliktsbereiche/PMK/PMK links/PMKlinks_node.html, aufgerufen am 21.10.2020)

Flick, Uwe (2014): Qualitative Sozialforschung. 6. Auf., Reinbek.

Glaser, Michaela (2013): ‚Linke' Militanz im Jugendalter – ein umstrittenes Phäno-men. In: Schultens, René/Glaser, Michaela (Hrsg.): ‚Linke' Militanz im Jugend-alter. Befunde zu einem umstrittenen Phänomen. Leipzig, S. 4–21.

Kühnel, Wolfgang/Willems, Helmut/Hillebrandt, Katrin/Schmidt, Tobias/Zenner, Kristina (2016): Gesellschaftskritische Orientierungen Jugendlicher in linksaffi-nen Protestbewegungen. In: Luedtke, Jens/Wiezorek, Christine (Hrsg.): Jugend-politiken. Wie geht Gesellschaft mit „ihrer" Jugend um? Weinheim, S. 230–249.

van Hüllen, Rudolf (2013): Linksextreme/linksextremismusaffine Einstellungs-muster unter Jugendlichen – eine qualitative Studie. In: Schultens, René/Glaser, Michaela (Hrsg.): ‚Linke' Militanz im Jugendalter. Befunde zu einem umstritte-nen Phänomen. Leipzig, S. 96–114.

1 Einleitung

Politisch motivierte Gewalt ist in den vergangenen Jahren, nicht zuletzt durch Ausschreitungen auf Demonstrationen und gezielten Angriffen[1], wieder verstärkt in den medialen Fokus und die wissenschaftlichen Sondierung ursächlicher Faktoren gerückt. Städte wie Clausnitz, Bautzen und Dresden zeigen einige Beispiele, die sich Einzug in den öffentlichen Diskurs verschafften. Zuletzt sorgten die jüngsten Aufstände während des G20-Gipfels in Hamburg für einen medialen Aufschrei in Bezug auf politisch motivierte Gewalt.

Während in der sozialwissenschaftlichen Forschung der letzten Jahre vor allem Gewalt aus dem „rechten" Spektrum[2] politischer Orientierungen[3] im Fokus stand, stellt das Forschungsfeld politisch motivierter Gewalt des „linken" Spektrums ein wesentlich geringer beforschtes Feld dar. Neben einer überschaubaren Anzahl von Handbüchern[4] über das Phänomen des Linksextremismus zeigt sich auch der wissenschaftliche Diskurs begrenzt, zumal es sich bei vielen Publikationen, wie Sena Ceylanoglu (Bundesministerium des Inneren 2004: 136) postuliert, oftmals um „bloße Demagogie" der politischen Gegenseite handle und weniger zur wissenschaftlichen Erkenntnis beitrage. Zudem ließen sich in Deutschland in den vergangen Jahren nach der

---

1 Exemplarisch können hier die Vielzahl von Brandanschlägen auf Flüchtlingsheime in den Jahren 2015 und 2016 aufgeführt werden. (vgl. Beckhoff 2016: o.S.)
2 Verwiesen sei an dieser Stelle auf eine Bewegung, die im medialen Diskurs als „neue Rechte" bezeichnet wird. Die damit aufkommende Gewalt, die auch in den regelmäßigen Protesten zum Ausdruck gebracht wird, spiegelt Stöss (vgl. 2016: o.S.) wieder.
3 Philologische Fülle bietet sich in der Definition politischer Orientierungen. Interessant ist hier die Definition des Bundesinnenministeriums (2014: 9f.), nach der sich das extreme linke Spektrum gegen die konstitutionelle Komponente mit einer angestrebten Absolution der Gleichheitsverhältnisse richte. 4 Sena Ceylanoglu kritisiert in ihrem Beitrag die valenzorientierte Unsachlichkeit einiger Handbücher. 5 Exemplarisch sei an dieser Stelle auf die italienische Organisation FAI/FRI sowie die griechische Gruppierung SPF verwiesen, die in den letzten Jahrzehnten durch zahlreiche Anschläge auf Botschaften, Polizeireviere und Politiker Aufsehen erregten.

Einflussnahme der „Roten Armee Fraktion" (RAF) keine beachtlichen gewaltsamen Strömungen feststellen, die sich dem politisch linksextremen Lager zuordnen ließen, wie dies beispielsweise in anderen europäischen Ländern der Fall war.[5] Dies wird auch anhand der konstant niedrigen Mitgliederzahlen linksextremer Parteien seit dem Ende der sozialistischen Hochkonjunktur deutlich.

Linksradikale Bewegungen, wie das „Sozialistische Patientenkollektiv", die „Revolutionären Zellen", oder die Gruppierungen „Tupamaros West-Berlin" und die „Bewegung 2. Juni", welche teilweise schon vor dem „deutschen Herbst" aktiv waren, spielen im heutigen Diskurs über extremistische Handlungen kaum eine Rolle. Mit der Auflösung der „RAF" nach ihrem letzten Anschlag im Jahr 1993 gerieten öffentliche Debatten zu linker Gewalt wieder verstärkt in den Hintergrund, was bis zum G8-Gipfel 2001 in Genua[4] weitestgehend unverändert blieb.

Dass eine wissenschaftliche Betrachtung der Phänomene „Linksradikalismus und -extremismus" trotzdem einen Mehrwert bietet, zeigt ein tendenzieller Anstieg der Gewalttaten durch politische Motive in den letzten Jahren. Es findet sich in der Polizeilichen Kriminalstatistik (Bundesministerium des Inneren: 2015/2016) die Tendenz zu einer erhöhten Anwendung von Gewalt des linken politischen Spektrums, diese muss jedoch in Relation zu Dunkel- und Hellziffer interpretiert werden. Zunächst richtet sich die Gewalt des politisch linken Spektrums häufig gegen Polizisten[5] oder andere Staatsbedienstete. Hierbei ist von großer Bedeutung, dass sich die Dunkelziffer begangener Straftaten auf eine geringe Zahl belaufen dürfte[6]. Auch ein unzureichender Er-

---

4 Für ausführlichere Informationen siehe Azzellini 2009: G8 protests Genoa 2001.
5 An dieser Stelle sei darauf hingewiesen, dass die gesamte Arbeit im generischen Maskulin verfasst wurde. Dies ist zum einen einer besseren Lesbarkeit und zum anderen im weiteren Verlauf dem ausschließlich männlichen Geschlecht der Probanden geschuldet. Sämtliche Personenbezeichnungen gelten daher für beiderlei Geschlecht, ausgenommen der Aussagen, die sich auf die männlichen Probanden beziehen.
6 Die Wahrscheinlichkeit, dass eine Straftat angezeigt wird, die auf Personen eben genannten Berufsstandes verübt wurde, kann als wesentlich höher eingestuft werden (Hermann 2003: 222). Somit ist fraglich, inwiefern die höhere Anzahl der begangenen Straftaten verglichen mit Gewalttaten extremistischer Gruppierungen anderer politischer Gesinnungen beurteilt wird, da hier eine höhere Dunkelziffer nicht auszuschließen ist.

kenntnisstand der Beweggründe und Einstellungen der Ausübenden zu politisch motivierter Gewalt machen die Relevanz der Beschäftigung mit der Thematik ersichtlich.

Um Forschungslücken auf diesem Gebiet zu erörtern sowie um den Versuch zu unternehmen, Teile dieser zu schließen, ist es deshalb Zweck vorliegender Arbeit, zur wissenschaftlichen Erkenntnis über die Motive und Begründungen politisch motivierter Gewalt in der linksautonomen Szene beizutragen. Ziel dieser Forschungsarbeit ist, durch qualitative Befragungsmethoden einen Einblick in die Lebenswirklichkeit aktiver Mitglieder linksautonomer Szenen zu verschaffen. Dadurch soll der Frage auf den Grund gegangen werden, wie für sie die „Grenze" zwischen politischem Widerstand und politisch motivierter Gewalt gezogen ist, beziehungsweise inwiefern eine solche überhaupt besteht. Ferner soll erörtert werden, wie Gewalt innerhalb der Szene definiert und ausgeübt wird. Zudem soll eine Bewertung der eigenen Handlung der Probanden und die anderer Mitglieder durch Reflexion ersichtlich gemacht werden. Gewaltanwendung durch die eigene oder durch andere Personen und deren Motivation soll aus Sicht der Probanden gezeigt und damit ein umfassender Überblick über die Determinanten der Anwendung und die Ideationen zu politisch motivierter Gewalt in der linksautonomen Szene im Allgemeinen gegeben werden. Beschreibungen hinsichtlich des Aufbaus der Gruppierungen, ihrer Hierarchie und Organisation sollen einen kontextualen Rahmen bieten, in den die Aussagen zu „linker Gewalt" eingebettet werden und einen strukturellen Überblick bieten. Der Einstieg der Befragten in die Szene und Selbstbeschreibungen dieser sowie die Verortung der eigenen Position innerhalb der Gruppe schaffen eine Grundlage, auf der die Aussagen der Probanden in Bezug auf ihre Aktivität und Sichtweisen noch einmal in Relation gesetzt werden.

Im folgenden Abschnitt werden die zentralen Forschungsfragen der Arbeiten skizziert: **Aus welchen Gründen und zu welchem Zweck wird politisch motivierte Gewalt angewandt?** Die Beweggründe der Mitglieder linksautonomer Szenen sollen hierbei eine entscheidende Rolle spielen. Auch ergaben sich hier Fragen zu dem Kontext der Gewaltanwendung, was Auskunft darüber geben soll, wie es zu einer solchen kam und welche Rahmenbedingungen eine Rolle spielten. Hierbei ist der Stellenwert der eigenen Überzeugungen der Probanden,

ebenso wie die situativen Gegebenheiten einer Gewaltanwendung eingeschlossen. **Wie wird politisch motivierte Gewalt in der linken Szene definiert, beurteilt und inwieweit ist Gewalt dem politisch linksorientierten Protest inhärent?** Um ein solides Bild der Ideationen
und Motivationen zu erfassen, ist es erforderlich, die eigene Definition
der Probanden sowie die Einstellungen zu Gewaltanwendung innerhalb der Szene miteinzubeziehen. Zudem spielt die Frage nach der Inhärenz von Gewalt in der linksautonomen Szene eine entscheidende
Rolle, da hierdurch die Motive und Determinanten des Zustandekom-
mens gewaltorientierten Protests beleuchtet werden sollen. **Welche
gruppendynamischen Faktoren spielen bei der Radikalisierung eine
Rolle?** Neben dem Stellenwert und der Definition von Gewalt wird zudem der Blick auf gruppendynamische und sozialisationstheoretische
Faktoren gerichtet, die bei gewaltbereitem Protest eine Rolle spielen.
Die Forschungsfrage hat zum Ziel, das Ausmaß des Einflusses der
Gruppe auf einzelne Mitglieder zu erheben. **Ab wann wird die Grenze
zur Gewaltanwendung überschritten? Wo verläuft die Grenze zwischen rechtlich legitimer Nonkonformität und Devianz?** Mit dieser
Frage soll ein Eindruck davon vermittelt werden, wie die Hemmschwelle zur Gewaltanwendung gesetzt, beziehungsweise wann eine
solche Grenze überschritten und zu Mitteln der Gewalteinwirkung ge-
griffen wird. Dabei steht das Zeichnen einer „Linie der Gewalt" in
Form einer Grenzüberschreitung im juristischen Sinne im Mittelpunkt
des Erkenntnisinteresses.

Die Sondierung von Faktoren, die ein deviantes Verhalten in Form
von Gewaltausübung aus politischen Motiven begünstigen, soll ebenfalls
Bestandteil der Arbeit sein, wenngleich eine gänzliche Feststellung der
Determinanten der Anwendung von politisch motivierter Gewalt nicht
möglich sein wird. Dies ist zum einen mit der unmöglichen Erhebung
solcher Daten unter gegebenen Voraussetzungen zu begründen und zum
anderen mit dem forschungspragmatischen Rahmen dieser Arbeit.
Abschließend werden die Erkenntnisse dieser Arbeit in einen theoretischen Kontext eingebettet, um zu erörtern, welche theoretischen Konzepte sich zur Erklärung der Gewaltbeschreibungen eignen.

Nachfolgendes Kapitel verschafft einen Überblick über die bisherige
wissenschaftliche Behandlung der Thematik im Rahmen theoretischer
und empirischer Analysen.

2 Aktueller Forschungsstand

In dem Forschungsbereich der politisch motivierten Gewalt existiert bereits ein nicht geringes Kontingent an empirischen Untersuchungen. Indes beschränken sich sowohl die methodische Vielfalt, als auch Ergebnisse, die über eine quantitative (Inhalts-)Analyse sekundärer Daten wie in der polizeilichen Kriminalstatistik[7] oder quantitative Befragungen hinausgehen, auf ein relativ überschaubares Repertoire. Auch qualitative Ansätze kontingentieren sich überwiegend auf Experteninterviews und vorgefertigte Selbstbeschreibungen der Szene, was einer beschränkten Zugänglichkeit des Materials geschuldet ist. Dieses Kapitel bietet in Folge dessen einen Überblick bestehender Forschungslücken bisheriger empirischer Untersuchungen sowie eine Darstellung deren Ergebnisse. Der Erkenntnisstand der Forschung wird nachfolgend anhand dreier empirischer Beispiele mit jeweils divergenter methodischer Herangehensweise deklamiert, die sich im Rahmen dieser Arbeit als gehaltvoll erweisen.

Uwe Backes, Matthias Mletzko und Jan Stoye (vgl. Backes et al. 2010) untersuchten in einer quantitativen Analyse „NPD-Wahlmobilisierung und politisch motivierte Gewalt" Aussagen über mögliche Wechselwirkungen zwischen NPD-Wahlmobilisierung und politischem Extremismus sowie politisch motivierter Gewalt und Kriminalität. In einem Zeitraum von 2003 bis 2006 wurde das rechte Spektrum Nordrhein-Westfalens und Sachsens untersucht. Zudem wurden allgemeine Selbst- und Fremdbilder rechter und linker Szenen elaboriert. Ein Großteil der von der linken Szene verübten Gewalt ging dabei von den „Autonomen" aus, welche Backes et al. als Gruppen definieren, deren provokative Distinktion zu ihrer sozialen Umgebung durch Verhaltens- und Umgangsformen, Symbole und Kleidung stattfindet. Ein

---

7 Exemplarisch sei hier auf die quantitative Inhaltsanalyse von linksextremistischen Publikationen des Kriminalistischen Instituts (Forschungs- und Beratungsstelle Terrorismus/Extremismus des Bundeskriminalamts 2016) verwiesen.

szeneninterner und gruppierungsübergreifender Zusammenhalt ergibt sich den Autoren nach durch eine „pure Verachtung gegenüber sozialen Normen und/oder den Verfahrensregeln und Institutionen des Staates" (Backes et al. 2010: 23). Prozesse der Gruppenbildung wurden dabei anhand von Homogenisierung der Selbstdefinitionen, Ideologien und konstanten Feindbildern erkennbar. Mobilisierend wirkt auf die linksautonome Szene die Wechselwirkung mit rechten Gruppierungen (vgl. ebd.: 24).

Zurückzuführen sind diese Dynamiken auf „unterschiedliche Mentalitätsbestände" der beiden Szenen sowie die „Ablehnung von Autorität und gesellschaftlichen Konventionen als das ins Extreme gesteigerte Spiegelbild der ‚post-materiellen' Generation" (Backes et al. 2010: 24) der Linken. Ebenso kommt Selbst- und Fremdbildkonstruktionen eine große Bedeutung zu. Zentral sind hier sich ständig repetierende Diskurse mit Bezug auf politische Gegner (vgl. Sirseloudi & Reinke de Buitrago 2016: 32). Der Staat und dessen Exekutive werden überwiegend als gegnerische Komplizen perzipiert. Mit einem deutlichen Anstieg rechter Gewalttaten aufgrund fremdenfeindlicher Motive zwischen 1991 und 1993 entwickelte sich interferierend „ein deutlicher Schub militanter Antifa[8]-Aktionen, der mit Radikalisierungs- und Brutalisierungstendenzen einherging", dessen Hauptbestandteil dabei linksradikale Konfrontationsgewalt der Autonomen unter dem Leitthema des Antifaschismus ausmachten (vgl. Backes et al. 2010: 26). Der Langzeitverlauf linker Gewalt wird nach Backes et al. mit einem, verglichen mit vorangegangenen Dekaden, rückläufigen Ausmaß des Gewalthandelns militanter autonomer Gruppen der neunziger Jahre beschrieben. „Zugkräftige Mobilisierungsthemen" waren der Nährboden für Spitzen der achtziger Jahre, auf deren eruptiven Verlauf 1980/81 ein „durch Orientierungskrisen mitverursachte[r] Tiefpunkt im Jahr der Wiedervereinigung 1990" folgte (Backes et al. 2010: 11). Für die Jahre 1992/93 lässt sich ein erneuter Anstieg als Reaktion auf

---

8 Unter der Bezeichnung „Antifa" kann nach Hitzler und Niederbacher (vgl. 2010: 34) abgekürzt der Begriff antifaschistisch in Anlehnung an die „explizit politische Orientierung in der Tradition der Studentenbewegung der 1960er und der kommunistischen Gruppen der 1970er Jahre" verstanden werden. Spezifisch ist eine konstitutive Relevanz von „‚Gegnerschaft': Man ist gegen ‚Faschisten' und gegen ‚Faschismus'."

fremdenfeindliche Gewalttaten rechter Aktivisten verzeichnen (vgl. ebd.). Ähnliche Wechselwirkungen zwischen einem Anstieg fremdenfeindlich motivierter Gewalt und linker Konfrontationsgewalt sind in den 2000er Jahren nach einem Tief im Jahr 2003 zu verzeichnen. Mit 37,8 Prozent (2003) und 48,5 Prozent (2005) liegen die Anteile am Gesamtaufkommen deutlich höher als im rechten politischen Lager (vgl. ebd.: 24f.)[9].

Innerhalb der Szene ist nach Backes et al. ein klarer Distinktionswunsch erkennbar, der das Recht „des Egos auf totales Ausleben der eigenen Wünsche und Ansprüche" (ebd.) zum Ziel hat, wobei die wenigen annähernd geschlossenen Weltbilder lediglich einen schmalen Konsens hinsichtlich konkreter politischer Forderungen erkennen lassen (vgl. ebd.). Die Autoren beschreiben darüber hinaus ein verbindendes Element durch ein SichAuflehnen gegen die bestehende Ordnung. Des Weiteren findet sich eine Tendenz zum Manichäismus in anarchistisch und kommunistisch inspirierten Gruppierungen, welche jedoch nach bisherigem Erkenntnisstand unzureichend erforscht sind (vgl. ebd.).

Die sich mit der Genese der militanten autonomen Szene deckende heutige Gestalt linker Konfrontationsgewalt lässt mit dem Aktionsthema „Antifa" eines von vielen beständigen Leitthemen erkennen (vgl. ebd.). Bei der „Antifa" handelt es sich dabei um „eine besondere Variante des Antifaschismus, nämlich dem militanten und oftmals gewaltsamen Ableger dieses politischen Spektrums", welcher vor allem für die Szene der sogenannten „Autonomen" charakteristisch ist (vgl. Sirseloudi & Reinke de Buitrago 2016: 87). Die Autorinnen beschreiben diese in einer qualitativen und quantitativen Inhaltsanalyse sekundärer Daten anhand einer martialischen Selbstdarstellung, einem radikalen Gestus und einer Aktions- und Mobilisierungsfähigkeit, welche sich hauptsächlich auf die direkte Konfrontation mit dem rechten Lager richtet (vgl. ebd.). Die Gegner des rechten Spektrums werden als „dümmlich, feige und wenig intellektuell gezeichnet" (ebd.: 91), weshalb eine Beeinflussung durch rationale Argumente sinnlos erscheint und Gewalt damit als einzig wirksames Mittel verbleibt. Eine notwen-

---

9 Erneut sei hier auf die Problematik der Hell- und Dunkelziffern verwiesen, die sich aus verschiedenen Opferkategorien der linken und rechten Szenen ergeben.

dige, zielgerichtete militante Anwendung von Gewalt wird daher von der Brutalität des Gegners und dessen Gewaltanwendung distanziert. Die Autorinnen beschreiben in diesem Zusammenhang eine „Ambivalenz zwischen Gewaltbereitschaft und gleichzeitigem Interesse an einer Dosierung der Gewalt" (ebd.: 88). Dies wird durch häufige Konfrontationsdelikte aus der Distanz, wie beispielsweise Steinwürfe bei Demonstrationen mit wenig direktem „face-to-face"-Kontakt deutlich (vgl. ebd.). Die Legitimation von Gewalt ist innerhalb der Szene eine stark umstrittene Thematik, die „entsprechend kontrovers und oft theoretisch anspruchsvoll" diskutiert, jedoch mehrheitlich eher als defensive Strategie begriffen wird (vgl. ebd.: 91).

Zu vergleichbaren Schlüssen kommt die qualitative Studie nach Neu (vgl. Neu 2012), die als Pretest konzipiert ist und als Basis einer repräsentativen Umfrage dienen sollte. Die mit 35 Probanden geführten Interviews hatten zum Ziel, geläufige Einstellungsmuster und Grundannahmen zu überprüfen sowie strukturelle Ebenen der Extremismusdefinition zu operationalisieren (vgl. Neu 2012: 16). Die Befragten wurden jedoch nicht aus einem radikalen oder extremistischen Flügel des autonomen Lagers akquiriert, vielmehr handelt es sich lediglich um „junge Menschen, die allenfalls als linksextremismusaffin gelten konnten" (van Hüllen 2013: 104). Auch wurden die Gewaltbereitschaft der befragten Aktivisten und deren Definitionen gänzlich außer Acht gelassen, da „taktische" Antworten vermieden werden sollten (vgl. ebd.). Die Ergebnisse der Studie lassen indes Rückschluss auf vorherige Ergebnisse dargestellter Studien zu. So zeigte sich eine ambivalente Gewaltevaluation, die zwischen einer grundsätzlichen Distanzierung zu Gewalt und einer situationsabhängigem Akzeptanz für Gewalt mit einhergehenden Relativierungen oszilliert (vgl. Neu 2012: 43).

Widersprüche fanden sich auch in der „Zustimmung zu einem Mehr an sozialer Gleichheit" und konsekutiv in einem „starke[n] Insistieren auf Selbstbestimmung, Freiheit und Eigenverantwortung" (van Hüllen 2013: 111). Die Befragung ergab ferner eine Differentiation der Delikte zwischen Personen und Gegenständen, eine angestrebte Vermeidung der Verletzung „Unschuldiger" und einem steigenden Verständnis für Gewalt infolge der Anerkennung des Ziels als „richtig" (vgl. ebd.: 105). Polizeiliche Beamte und Demonstranten werden charakteristisch „innerhalb der Eskalationsdynamik gewissermaßen als gleichberechtigte und ähnlich vorgehende Akteure" perzipiert (ebd.: 107). Gewalt wird dabei als „Symbol des sich Wehrens, des Widerstands, interpretiert", die sich „sowohl gegen den Staat als auch gegen Demonstrantinnen und Demonstranten richten kann" (ebd.: 108). Die Perzeption von Gewalt als problematisches Phänomen wird durch Rechtfertigungsmuster deutlich (vgl. ebd.). Eine kontroverse Diskussion zur Anwendung von Gewalt, wie bei Sirseloudi und Reinke de Buitrago bereits beleuchtet, findet sich auch in den Ergebnissen von Neu (2012) durch „nicht im Einklang mit revolutionären politischen Zielen stehende Gewalt sowie [der] besondere[n] Begründungsbedürftigkeit von Personen verletzender Gewalt" (van Hüllen 2013: 108). Darüber hinaus kann auch in dieser empirischen Untersuchung eine erhebliche Mobilisierungskraft des Themenfeldes Rechtsextremismus zur Motivation für politisches Handeln festgehalten werden, da dieser nicht nur als politischer Gegner, sondern auch als emotional empfundener persönlicher Feind betrachtet wird (vgl. ebd.: 109).

Trotz bisheriger Erklärungsversuche und Untersuchungen zu politisch motivierter Gewalt existieren weiterhin große Desiderate in der empirischen Forschung, welche nachfolgend skizziert werden. Defizite lassen sich zum einen in der Analyse nicht öffentlich zugänglichem Material feststellen, die trotz eines schwierigen Feldzuganges jedoch von Bedeutung in der Erweiterung bisheriger Erkenntnisse wäre (vgl. Sirseloudi & Reinke de Buitrago 2016: 135). Darüber hinaus fehlen Untersuchungen und Konzeptualisierungen, welchen eine sinnvolle Verknüpfung von Forschungen auf Mikro-, Meso- und Makroebene möglich ist (vgl. ebd.) sowie systematische Arbeiten zur Phänomenologie politisch motivierter Gewalt in Deutschland (vgl. Backes 2010: 10). Auch Untersuchungen gesellschaftlicher Prozesse und deren Übertragungen in die Formierung radikaler Milieus sowie Mechanismen, die in diesen für einen Übergang zu gewaltsamem Handeln sorgen, sind bisher unzureichend elaboriert worden (vgl. Sirseloudi & Reinke de Buitrago 2016: 135).

Für eine „umfassendere Präventionspolitik als sie beim gegenwärtigen Kenntnisstand möglich ist" (ebd.), wäre eine extensivere Forschung diesbezüglich zwingend notwendig. Mletzko betont in diesem Zusammenhang fehlende Täteranalysen und soziodemographische Angaben zur Zusammensetzung der Milieus (vgl. Mletzko 2010: 10).

Da sich ein Großteil der bisherigen Forschung lediglich mit der Erklärung des Phänomens politisch motivierter Gewalt sowie Untersuchungen von Einstellungen auf der Basis von Umfragedaten beschäftigte,
fehlen demzufolge „genuine Gewaltanalysen" in der empirischen Forschung (Backes 2010: 10) im Forschungskanon. Eine Verweigerung
der herkömmlichen Befragungsmethoden durch Probanden, der inter-
aktiv-dynamische Charakter von Prozessen des Gewalthandelns und
Diskontinuitäten der Begriffsdefinition in der Forschungslandschaft
führen darüber hinaus häufig zu Erhebungsschwierigkeiten (vgl. ebd.).

Vorliegendes Forschungsprojekt soll auf Basis der prononcierten
Desiderate einen erweiterten Einblick in das Forschungsfeld durch
eine qualitative Analyse empirischer Daten bieten und dabei die bisher
vernachlässigten Aspekte der Konzeptualisierung von Gewalt sowie
genuin gewaltanalytische Einstellungsmuster berücksichtigen.

3 Politisch motivierte Gewalt: Begriffsdefinitionen und Zugänge

Um die Forschungsfragen dieser Arbeit beantworten zu können, bedarf es zunächst einer linguistischen und determinativen Auseinandersetzung mit den Begriffen „Gewalt", „Extremismus" und einigen weiteren, welche in diesem Kapitel eingegrenzt werden. Hinsichtlich der Definitionsfülle von „Gewalt" im Allgemeinen, wie auch „politisch motivierter Gewalt", die aus dem breit gefächerten Spektrum an theoretischen Konstrukten dieses Forschungsfeldes hervorgeht, müssen daher definitorische Konzepte prononciert werden, die als theoretische Basis für die deduktiven Elemente des Leitfadens sowie der Analyse dienen.

Otthein Rammstedt definiert Gewalt anhand von vier Komponenten. Sie fungiert zunächst als Bezeichnung für „einen einmaligen *physischen Akt*, für den Vorgang, dass ein Mensch einem anderen Menschen Schaden mittels physischer Stärke zufügt" (FuchsHeinritz et al. 2011: 252). Des Weiteren kann sie als permanenten, an das Eingreifen in durch Recht und Gerechtigkeit definierte „sittliche Verhältnisse" gekoppelten Einfluss beschrieben werden (Benjamin 1999: 179) und deckt damit auch eine *geistige oder psychische Einflussnahme* ab. Eine weitere Komponente ist die Bezeichnung von Gewalt als „dahingehende Beeinflussung von Menschen, dass ihre aktuelle somatische und geistige Verwirklichung geringer ist als ihre potenzielle Verwirklichung" (Fuchs-Heinritz 2011: 252). Gewalt kann damit beispielsweise bei einer hohen Analphabetisierungsrate vorliegen, wenn diese in ihrem Ausmaß vermeidbar wäre (vgl. Galtung 1998). Diese Art der Gewalt wird auch als *strukturelle Gewalt* begriffen, da eine Beeinflussung nicht von einem handelnden Subjekt ausgeht (personale oder direkte Gewalt), sondern „in dem gesellschaftlichen System eingebaut ist" (Fuchs-Heinritz 2011: 252). Dies kann sich in ungleichen Macht-

und Besitzverhältnissen sowie ungleichen Lebenschancen wiederspiegeln.

Zygmunt Baumann (vgl. 1995: 15) erweitert diese Definitionskomponenten mit der *kulturellen Gewalt* um eine weitere, welche über einen engen Gewaltbegriff hinausgeht. Diese ergibt sich aus einer nach Ordnung strebenden Klassifikation modernen Denkens. Dies geschieht durch „Handlungen des Einschließens und des Ausschließens", welche als Gewaltakt begriffen werden und „ein bestimmtes Ausmaß an Zwang" bedürfen (ebd.). Durch „Anstrengung und Gewalt" (ebd.: 20) wird das Ungeordnete beherrscht und unterworfen. Gewalt kann darüber hinaus nicht nur als aktive Handlung verstanden werden, sondern in einem weiter gefassten Gewaltverständnis auch als eine *Schädigung durch Unterlassung*. Das Vernachlässigen von hilfsbedürftigen Personen oder eine unterlassene Hilfeleistung können hier als Beispiele angeführt werden.

Die auf Pierre Bourdieu zurückgehende Bezeichnung der *symbolischen Gewalt*, auch als symbolische Macht begriffen, bezeichnet „die Kraft, die Anerkennung von Bedeutungen durchsetzen zu können" (Fuchs-Heinritz et al. 2011: 252). Die dadurch geschaffene Herrschaftsform wird als naturgegeben angenommen und von den Beherrschten meist nicht hinterfragt, da „sie mit ihren Dispositionen in Einklang steht" (ebd.).

„*Politisch motivierte Gewalt*" (PMG)[10] umfasst nach den Erfassungskategorien für politisch motivierte Kriminalität (PMK)[13] Taten, „wenn in Würdigung der Umstände der Tat und/oder der Einstellung des Täters Anhaltspunkte dafür vorliegen, dass sie den demokratischen Willensbildungsprozess beeinflussen sollen, der Erreichung oder Verhinderung politischer Ziele dienen oder sich gegen die Realisierung politischer Entscheidungen richten (...)". (Bundeskriminalamt 2007: 5) Politisch motivierte Gewalt ist gegen eine Person aufgrund „ihrer politischen Einstellung, Nationalität, Volkszugehörigkeit, Rasse, Hautfarbe, Religion, Weltanschauung, Herkunft oder aufgrund ihres äußeren Erscheinungsbildes, ihrer Behinderung, ihrer sexuellen Orientierung oder ihres gesellschaftlichen Status" (ebd.) gerichtet. Poli-

---

10 Die Abbreviation „PMG" wird in dieser Arbeit synonym zu politisch motivierter Gewalt verwendet. [13] Die Erfassungskategorien wurden 2001 eingeführt.

tisch motivierte Taten „richten sich in diesem Zusammenhang gegen eine Institution/Sache oder ein Objekt" (Backes et al. 2014: 19).

Eine weitere Differenzierung politisch motivierter Gewalt in drei Kategorien nimmt Birgit Enzmann vor, welche als definitorische Vorlage dieser Arbeit angenommen werden. Das Kernmerkmal politischer Gewalt kann nach dieser nicht in dem Täter, sondern im Zweck der Anwendung gesehen werden (vgl. Enzmann 2013: 46). Politische Gewalt wird demnach verstanden als „(1) die direkte physische Schädigung von Menschen durch Menschen, die (2) zu politischen Zwecken stattfindet, d. h. darauf abzielt, von oder für die Gesellschaft getroffene Entscheidungen zu verhindern oder zu erzwingen". Ebenso kann sie „auf die Regeln des gesellschaftlichen Zusammenlebens ziel[en] und versuch[en] bestehende Leitideen zu verteidigen oder durch neue zu ersetzen, die außerdem (3) im öffentlichen Raum, vor den Augen der Öffentlichkeit und an die Öffentlichkeit als Unterstützer, Publikum oder Schiedsrichter appellierend stattfinde[n]." (ebd.).

Das zentrale Abgrenzungskriterium von politischer Gewalt lässt sich nach Imbusch in den Intentionen der Akteure und den Reaktionen des Staates auf diese erkennen (vgl. Imbusch 2002: 47). Politische Gewalt „zeichnet sich durch das Ziel aus, das mit dem Einsatz von Gewalt erreicht werden soll, nämlich politische Macht zu erringen oder etablierte Herrschaftsverhältnisse zu ändern." (ebd.). Gerichtet ist sie somit überwiegend gegen den Staat, ein politisches Regime und seine Repräsentanten, darüber hinaus auch gegen „bestimmte stigmatisierte Gruppen und gegen Fremde" (ebd.). Unter politisch motivierter Gewalt kann ein Akt der Zerstörung, Verletzung oder Schädigung verstanden werden, dessen „Ziele, Objekte und Opfer, Umstände, Ausführung und beabsichtigte Wirkung eine politische Bedeutung besitzen" sowie „das Verhalten anderer Personen oder Institutionen oder gegebenenfalls ein politisches, soziales oder ökonomisches System mit dem Ziel der Etablierung einer neuen Ordnung" verändern wollen. (ebd.). In einem weiter gefassten Verständnis kann politisch motivierte Gewalt als ein „die vorherrschende Definition von legitimen politischen Aktionen" verletzendes Verhalten angenommen werden (vgl. Donatella 2002: 480).

Als gehaltvoll erweist sich in diesem Zusammenhang eine Erweiterung des Begriffs durch das Konstrukt der *„Konfrontationsgewalt".*

Diese umfasst politisch motivierte Straftaten, welche aus einem objektiven und subjektiven Interaktionszusammenhang heraus begangen und meist in unmittelbarem Zusammenhang mit Auseinandersetzungen zwischen verfeindeten Gruppierungen verübt werden (vgl. Backes et al. 2014: 19). Konfrontationsgewalt zwischen rechten und linken Akteuren lässt zudem eine Bedeutung gegenseitiger Provokation erkennen, die nicht selten eine Gewalteskalation oder auch eine Veränderung der Gewaltspezifik, wie beispielsweise auf Demonstrationen, mit sich bringen kann (vgl. ebd.: 30; Backes et al. 2010).

„*Politischer Extremismus*" bezeichnet in diesem Rahmen eine Kollision von Einstellungen und Ideologien gewaltbereiter Szenen mit konstitutionell-demokratischen Basisnormen pluralistischer Gesellschaften (vgl. Backes 2010: 4). Diese Normen beinhalten das „Axiom menschlicher Fundamentalgleichheit, die Legitimität einer Vielfalt konkurrierender Meinungen, Anschauungen und Interessen und die Verfahrensregeln eines gewaltenkontrollierenden Institutionengefüges." (ebd.). Eine implizite oder explizite Negation dieser beruht dabei auf „mentalen und denkstrukturellen Besonderheiten wie der Verabsolutierung der eigenen manichäischen Weltsicht (Monismus), der Neigung zu verschwörungstheoretischen Spekulationen oder der Entwicklung aggressiver Freund-Feind-Stereotype" (ebd.). Der Terminus kann als Abgrenzungsbegriff (vgl. Jaschke 2006: 16) gefasst werden, der jedoch „nicht allein für sich, sondern in Abhängigkeit von einem anderen Begriff oder Wert definiert werden muß. Es geht demnach dabei um die äußerste Abweichung oder den äußersten Gegensatz von einem anderen Standpunkt oder Wert. Worin dieser besteht, macht demnach auch einen Kernaspekt des inhaltlichen Verständnisses von Extremismus aus" (Pfahl-Traughber 2000: 186). Im behördlichen Sprachgebrauch umfasst der Begriff „Bestrebungen gegen die freiheitliche demokratische Grundordnung (§ 3 Abs. 1, Ziff.1 BVerfSchG), also solche, die auf Außerkraftsetzung mindestens eines der im SRP-Verbotsurteil vom Bundesverfassungsgericht 1952 festgelegten Grundsätze zielen." (van Hüllen 2013: 96).

Der Richtungsbegriff „*links*" des politischen Spektrums wird in dieser Arbeit anhand seines Verhältnisses zu dem Egalitätsprinzip definiert[11], welches als eine der bereits thematisierten Basisnormen pluralistischer Gesellschaften angenommen wird. Dies wird charakteristisch durch einen „extremen Egalitarismus anarcho-kommunistischer Ideologeme" (Backes 2010: 4) deutlich.

Neben bereits erläuterten Begrifflichkeiten wird an dieser Stelle zudem auf den Terminus der „Szene" eingegangen, um definitorische Grenzen abzustecken. Als Szene werden nach Bergmann und Erb (vgl. 1994: 8–14) relativ neue, dynamische, nicht klar abgrenzbare, soziale Phänomene begriffen. Sie sind Gegenstand (jugend-)kultursoziologischer und bewegungstheoretischer Forschungsfelder. Die sozialen Verknüpfungen können als netzwerkartig begriffen werden und beinhalten eine breite, fluide Milieustruktur (vgl. Backes 2010: 5). Szenen zeichnen sich über einen distinktiven Habitus aus und profilieren sich dabei durch „alltagsästhetische Stilisierung (insbes. Musik, Kleidung, Konsumverhalten, Symbolsprache)" (ebd.). Durch Szenen können nach Bergmann und Erb Sicherheiten auf der „Ebene von Kognition und Handeln in unübersichtlichen Situationen" (Bergmann & Erb 1994: 8–14) angeboten werden. Das Konstrukt der Szene wird hier wie folgt erläutert: „Eine Szene ist eine soziale Verdichtung, die sich durch gemeinsame Orte, durch ein lokales Stammpublikum und durch die Ähnlichkeiten von Inhalten auszeichnet. Der Zutritt erfolgt nicht über formale Aufnahmeverfahren oder eine bereits ausgeprägte ideologische Voreinstellung, sondern neue Mitglieder werden rasch durch Anwesenheit und Teilnahme an der szenetypischen Kommunikation sozialisiert" (ebd.: 8).

Zum Begriff „autonom", wie er in dieser Arbeit verwendet wird, lässt sich abschließend die Wortherkunft erläutern. Diese geht auf das griechische Wort „autonomia" zurück, welches mit „Unabhängigkeit" und „Selbstgesetzgebung" übersetzt werden kann. Autonome Aktivisten vertreten jedoch keine einheitliche Ideologie, die für alle gültig wäre, sondern vielmehr ein Repertoire verschiedener „anti-Einstellungen", wie antikapitalistisch, antifaschistisch, antipatriarchal und antistaatlich (vgl. Bundesministerium des Inneren 2014: 152f.). Anarchistische und kommunistische Elemente sind zwar in allen Teilen der autonomen Szene vorhanden, das eigentlich „verbindende Element bleibt

---

11 Dies gilt ebenso für den Richtungsbegriff „rechts"

jedoch die Frontstellung gegenüber dem ‚herrschenden System‘ der Bundesrepublik, das ihrer Ansicht nach ‚repressiv‘ und durch ‚strukturelle Gewalt‘ gekennzeichnet ist." (ebd.).

Die beleuchteten Konzepte und Begriffserläuterungen, welche lediglich einen Ausschnitt eines weitaus breiteren definitorischen Spektrums darstellen, werden indes für vorliegendes Projekt als definitorische Vorlage betrachtet.

4 Theoretischer Bezug zu Gewalttheorien

Theoretische Konzepte im Rahmen devianten Verhaltens, die sich für diese Arbeit als geeignete Bezugspunkte erwiesen, werden in Grundzügen nachfolgend erläutert. Unter dem Konstrukt einer Theorie werden fortlaufend für ein intersubjektives Verständnis des Begriffes Aussagen mit Informationsgehalt und Realitätsbezug und der Möglichkeit einer prinzipiellen empirischen Prüfbarkeit (vgl. Prim & Tilmann: 2000) angenommen. Der Bezug auf dargestellte Konstrukte stellt lediglich eine Auswahl eines breitgefächerten Theoriespektrums dar. Demnach wird in der Skizzierung theoretischer Konstrukte im weiteren Verlauf auf den Anspruch der Vollständigkeit gänzlich verzichtet. Indes sollen die Beweggründe der Selektion in konsekutiven Erläuterungen nicht unbeachtet bleiben.

An dieser Stelle sei auf einen begrifflichen Unterschied hingewiesen. Während die bereits erwähnte „Devianz" als kulturelle Normabweichung mit sich unterschiedlich auswirkenden Sanktionen, zu begreifen ist, handelt es sich bei delinquentem Verhalten um einen tatsächlichen, juristisch belangbaren Gesetzesverstoß.

4.1 Legitimations- und Neutralisierungsstrategien

Neutralisierung- und Legitimationsansätze erweisen sich als zielführend, da mit einer Legitimierung der Gewalt die Beschreibung von persönlicher Bereitschaft und der Hemmschwelle zur Gewalt in den Interessensfokus gerückt werden (vgl. Minor 1980). Diese Ansätze berücksichtigen den Inhalt von erlerntem deviantem Verhalten, im Gegensatz zu anderen Theorien, die sich lediglich auf den Prozess des Erlernens beschränken (vgl. Matza & Sykes 1957: 664). Würde von einer Subkultur ausgegangen, in welcher eine Person ihr Handeln als moralisch korrekt bewertet, könnten demnach keine Gefühle der Schuld, Reue oder des Schams entstehen (vgl. ebd.). Stattdessen kann sich

nach Sykes und Matza (1957) eine Empörung gegenüber den Schuld-
zuweisenden einstellen, die den „Schuldigen" sich selbst als Märtyrer
betrachten lässt. Da das „Schuldbewusstsein" einer devianten Person
als Mitglied einer Subkultur jedoch nicht per se abgesprochen werden
kann, müssen Gründe für eine „Inkaufnahme" der Distanzierung von
sozialen Normen sondiert werden. Ebenso bedeutsam dafür sind neue
Normen und Werte, die daraus entstehen, dass eine Person ihr deviantes Verhalten als „richtig" definiert (vgl. ebd.). Eine Erklärung hierfür
geben Sykes und Matza in der Konstruktion dieser: „A basic clue is of-
fered by the fact that social rules or norms calling for valued behavior
seldom if ever take the form of categorical imperatives. Rather, values
or norms appear as qualified guides for action, limited in their applica-
bility in terms of time, place, persons, and social circumstances." (ebd.:
666) Dieser begrenzten Anwendung des normativen Systems ist eine
Flexibilität immanent, da die Komponenten des Systems nicht unter
allen Umständen gelten (vgl. ebd.). Der Umstand einer nicht zurech-
nungsfähigen oder betrunkenen Person sowie der Akt der Selbstverteidigung stellen beispielsweise Situationen dar, die eine andere Perspektive auf ein deviantes Verhalten erlauben. Die deviant handelnde Person kann daher „avoid moral culpability for his criminal action – and
thus avoid the negative sanctions of society – if he can prove that criminal intent was lacking." (ebd.). Mit fünf Stufen der erlernten Legitimation geben Sykes und Matza einen Einblick in die Entstehung einer
Neutralisierung des eigenen Handelns. Diese als Rationalisierungen
begriffenen Strategien der Rechtfertigung folgen einem devianten Verhalten, da statt eines moralischen Imperativs, Werten oder Normen
der übergeordneten Gesellschaft eine Legitimierung erlernt wird[12].
Überdies kann eine Legitimation als Schutzmechanismus des Individuums verstanden werden: "(…) protecting the individual from self-
blame and the blame of others after the act" (ebd.). Die einzelnen Stufen werden in den folgenden Abschnitten näher betrachtet.

The Denial of Responsibility wird als erste der fünf Stufen wie folgt
beschrieben: „deviant acts are an ,accident' or some similar negation

---

12 Minor (vgl. 1981: 300) entwirft in Folge einer Kritik des Ansatzes nach Sykes und
   Matza ein erweitertes Verständnis von Neutralisierung: „[n.] should be considered
   one dimension of a control theory of crime. It enables crime but does not require
   it."

of personal accountability. It may also be asserted that delinquent acts are due to forces outside of the individual and beyond his control such as unloving parents, bad companions, or a slum neighborhood." (ebd.: 667). Das handelnde Individuum legt somit die Verantwortung des eigenen Handelns in schicksalhafte Umstände wie Faktoren der Sozialisation oder der Situationsgegebenheit. Ein Korrigieren des Verhaltens durch soziale Kontrolle wird dadurch unwirksam, wodurch die Freiheit des Individuums, delinquent zu handeln, durch ein Ausbleiben von größeren Konsequenzen entsteht (vgl. ebd.). Dieses Vorgehen kann eine Senkung der Hemmschwelle durch die Verlagerung der Ursachen in die Umstände begünstigen, in denen sich die handelnde Person befindet. Zudem wird eine deviante Handlung in ihren Motiven gesellschaftlich zunächst nicht weiter differenziert betrachtet, obgleich sie aus mangelndem Verantwortungsbewusstsein oder intentional vollzogen wurde. Eine Neutralisierung des eigenen Verhaltens reicht demnach durch eine Internalisierung der Legitimation weiter als eine bloße Zurückführung auf die nicht intentionale Handlungsmotivation als Rechenschaftspflicht. Unter diesem Aspekt sollte jedoch berücksichtigt werden, dass unter dem Begriff der „Verantwortung" ein soziales Konstrukt zu verstehen ist, welches je nach kulturellen Rahmenbedingungen Unterschiede in der Definition aufweisen kann. Auf dieser Stufe der Legitimation beginnt folglich eine Distinktion des deviant handelnden Individuums, ohne dass dieses sich explizit gegen die vorherrschende Normen- und Werteorientierung der Gesellschaft stellen muss.

Eine weitere Stufe, *The Denial of Injury*, postuliert nach Sykes und Matza eine andere Sichtweise des Individuums auf die Auswirkungen seiner Handlung, als die des gesetzlichen Rahmens. Beispielsweise können Sachbeschädigung oder Diebstahl als weniger abweichend von den ausübenden Personen gewertet werden, da hierbei niemand körperlich verletzt wird (vgl. ebd.: 668). Das handelnde Individuum unterscheidet in dieser Stufe zwischen Devianz, die „mala in se", also moralisch inkorrekt an sich ist und „mala prohibita", definiert als illegal, jedoch nicht zwingend unmoralisch. Diese Unterscheidung wird dabei auf das eigene Verhalten angewandt, um die Fehlerhaftigkeit zu beurteilen. Dem Handeln wird dadurch außer einer juristischen Inkorrektheit keine beträchtliche moralische Verwerflichkeit zugeschrieben (vgl.

ebd.). Auch hier ist von Bedeutung, dass die Akkomodation der gesellschaftlichen Normen an das eigene Handeln keine vollständige Ablehnung dieser bedeuten muss. Vielmehr ist dies als Zeichen der internalisierten Normen einer übergeordneten Gesellschaft anzusehen, die bei
Bedarf einer subjektiven moralischen Modifikation unterlaufen werden.

Mit dem Prozess *The Denial of the Victim* als dritte Stufe geht ein
Rechtfertigen der Schädigung anderer einher, das durch besondere
Umstände legitimiert wird: „The injury, it may be claimed, is not really
an injury; rather, it is a form of rightful retaliation or punishment."
(ebd.). Durch eine Positionierung der eigenen Person als „rechtschaf-
fend" und einer gleichzeitigen Transformation des Opfers in einen
„Malefikanten" entsteht eine zur übergeordneten Normordnung konträre Perspektive der devianten Person. Diese ist somit in der Lage zu
differenzieren, welche Personen gerechtfertigter Weise zum Opfer
ihrer Devianz wird und welche nicht. In Erscheinung treten kann eine
solche Legitimation im Absprechen einer Opferrolle von Minderheiten,
die aufgrund von zugeschriebenen negativen Eigenschaften nicht vik-
timisiert, sondern unter Berufung auf Zuschreibungen in die Rolle von
Missetätern gedrängt werden. Auch eine Unbekanntheit des Opfers
oder die nicht vorhandene Präsenz, beispielsweise bei einem Diebstahl,
können durch ein fehlendes Bewusstsein für die Existenz eines Opfers
diese Art der Neutralisierung devianten Handelns begünstigen (vgl.
ebd.).

Als vierte Stufe der Neutralisation wird nach Matza und Sykes *The
Condemnation of the Condemners* bezeichnet. Nach McCorkle und
Korn (vgl. 1954: 88ff.) auch als „rejection of the rejector" begriffen,
steht die Ablehnung der Person im Vordergrund, deren Missbilligung
gegenüber Devianz erfahren wird. Die Thematisierung der eigenen
Devianz wird durch eine Lenkung des Blickes auf das Fehlverhalten
der Kritisierenden ersetzt. Das Motiv der „Verdammung" wird kritisch
beleuchtet, den „Verdammenden" möglicherweise nachgesagt, sie seien
„hypocrites, deviants in disguise, or impelled by personal spite" (Matza
& Sykes 1957: 668). Durch die Anklage anderer werden die eigenen
Normbrüche neutralisiert und für sich selbst als legitim erachtet.

The Appeal to Higher Loyalties beschreibt nach Matza und Sykes die
Neutralisierung sozialer Kontrollen durch eine Opferung gesellschaftli-

cher Erwartungen zugunsten von Erwartungen, die eine kleinere soziale Einheit an das Individuum richtet. Beispielhaft können hier Familien, Cliquen oder ideologische Gruppierungen aufgeführt werden, welchen das Individuum angehört. Die gesellschaftlich „etablierten" Erwartungen oder Normen müssen auch hier nicht von einer vollständigen Ablehnung gekennzeichnet werden, vielmehr wird die Erfüllung dieser von einer stärkeren Loyalität innerhalb kleinerer sozialer Gefüge übertroffen. Diese gilt den Normen- und Wertevorstellungen der sozialen Einheiten, denen sich das Individuum verpflichtet fühlt. Die spezifischen, mit der jeweiligen Rolle verknüpften Interessens-, Wert- und Normvorstellungen können dabei konfligierend wirken, wenn sich der Akteur gezwungen sieht, zwischen diesen zu wählen (vgl. Simmel 1908: 468). Eine Neutralisierung ergibt sich aus den „definitions of the situation" (Matza & Sykes 1957: 669), die einen Handlungszwang suggerieren, der dem Wertesystem der loyal eingestellten sozialen Einheit gegenüber konform sein muss. Mit dem Argument, "...that much delinquency is based on what is essentially an unrecognized extension of defenses to crimes, in the form of justifications for deviance that are seen as valid by the delinquent but not by the legal system or society at large." (ebd.: 666) wird deutlich, dass neben einem vorherrschenden Normen- und Wertekomplex parallel auch weitere handlungsweisende Systeme innerhalb einer Gesellschaft existieren können.

4.2 Factor Approach: Kontra- und subkulturelle Ansätze

Als genuin soziologische Erklärungsansätze (vgl. Lamnek 1977: 37), die unter dem Begriff des factor approach in dieser Arbeit behandelt werden, zählen die Kontra- und Subkulturtheorien. Siegfried Lamnek schreibt den soziologischen Ansätzen einen makrosoziologischen Charakter zu, indem „sich auf den Zusammenhang zwischen Kriminalität bzw. Kriminalitätsraten und sozialen Strukturen" (Rüther 1975: 9) in Gesellschaften konzentriert wird. Inwiefern sich linke Gruppierungen als Subkultur begreifen lassen und welche Auswirkungen das auf die Selbstbeschreibung der Individuen haben kann, eröffnet einen weiteren Blickwinkel, welcher mithilfe subkultureller Ansätze (vgl. Vascovics 1995) betrachtet werden soll. Dabei werden gruppenspezifische

Phänomene, wie die Konstitution der Eigen- und Fremdgruppe miteinbezogen, ebenso wie die Entwicklungen der ideologischen Standpunkte innerhalb einer solchen Gruppierung. Der Bezug hierzu lässt sich in einer modifizierten Form der Anomietheorie nach Merton (1968) und Durkheim (1964) durch das Konzept von Richard A. Cloward veranschaulichen.

Der Grundgedanke wird hierbei übernommen und durch die Beobachtung einer ungleichen Verteilung des Zugangs zu illegitimen Mitteln ergänzt (vgl. Lamnek 1977: 56). „A furhter variable should be taken into account: namely, differentials in availability of illegitimate means" (Cloward, 1959: 167). Die Ursache dieses Vorgangs wird dadurch begründet, dass die Möglichkeiten und Zugangschancen zu illegitimen Mitteln in einer Gesellschaft nicht immer gleich verteilt sind. Von dieser These ausgehend formuliert Cloward den Ansatz, illegitime Mittel seien durch die Konstituierung von Subkulturen für deren Mitglieder leichter zugänglich (vgl. Lamnek 1977: 58). Diese ist auf ein nicht vollständig geteiltes Werte- und Normensystem zurückzuführen. Bestimmte Werte, Normen oder Ziele, die zwar grob von allen Gesellschaftsmitgliedern geteilt werden, können Modifikationen durchlaufen, die von regionaler, milieuspezifischer oder religiöser Sozialstruktur abhängig sind (vgl. Heitmeyer & Hagan 2002: 773) und zu einer Differenzierung in ihrer Akzeptanz führen können.

Diese Modifikationen können von einer leichten Abwandlung bis zu einem konträren Wertesystem reichen. „Das könnte im einen Fall bedeuten, dass in einer Gesellschaft, die im Prinzip kriminelle Gewalt eindeutig ablehnt, einzelne Teilkulturen existieren, die diese Art von Gewalt anders werten bzw. über spezifische zusätzliche Normen und Werte verfügen, die unter bestimmten Bedingungen den Einsatz von krimineller Gewalt tolerieren oder sogar fordern, im anderen Extremfall dagegen, dass in Teilgruppen bestimmte Werte der dominanten Gesellschaft in ihr Gegenteil verkehrt werden (Kontrakulturen)." (ebd.).

Durch welche sozialisationstheoretischen Faktoren der Eintritt in eine Kontra-, beziehungsweise Subkultur begünstigt werden, kann im Rahmen dieser Analyse nicht behandelt werden, jedoch verweist Heitmeyer (2002) vor allem auf ein Zugehörigkeitsgefühl, dessen Fehlen im Besonderen bei Jugendlichen der Auslöser für eine „Flucht" in den subkulturellen Kontext darstellen kann. Im selbigen Kontext wird darauf verwiesen, „...dass die delinquente Subkultur ihre Teilhaber offensichtlich zeitweilig von Stressquellen isoliert, denen sie ansonsten ausgesetzt gewesen wären." (ebd.: 775). Diese Stressquellen können ihren Ursprung in familiären, monetären oder interaktionistischen Verhältnissen haben. Auch die internalisierten, aber nicht erreichbaren Ziele einer Gesellschaft können zu einer Ablehnung dieser oder einer modifizierten Form innerhalb einer Subkultur führen. „Neben der direkten zerstörerischen Gewalt gegen fremde und/oder verhasste Personen, die vor allem von terroristischen Gewaltgruppen präferiert wird, ist für unorganisierte Cliquen, subkulturelle Gruppen oder auch parteipolitische Organisationen der ‚Kampf um Territorien' von zentraler Bedeutung" (ebd.: 521). Eine Kompensation fehlender Mittel zum Erreichen kultureller Normen und Ziele kann also auch in dem Errichten von Zonen, die für die Betroffenen den Charakter ihres Eigentums haben, erfolgen. Verwiesen sei letztlich auf eine Definition, welche deutlich macht, dass bestehende Normen und Werte nicht vollständig abgelehnt werden müssen: „Subkultur wird verstanden als ein soziales System, für das eigene Werte, Normen und Symbole gelten, die partiell mit der übergeordneten und dominanten Kultur übereinstimmen können, die sich aber teilweise deutlich von diesen unterscheiden. Mitglieder einer Subkultur haben also auch Werte und Normen der dominanten Kultur übernommen und internalisiert." (Wolfgang & Feracuti 1982: 103). Vielmehr spielen in diesem Kontext die Anwendung und der Geltungsbereich der Werte und Normen eine Rolle. Das konstituierte und internalisierte System von Normen und Werten der nonkonformen Subkultur repräsentiert dabei eine Umkehrung des abgelehnten Normenkomplexes der „übergeordneten" Gesellschaft. Cohen beschreibt den Prozess der Herausbildung von devianten Subkulturen als internalisierten oppositionären Verhaltenskodex, der im Widerspruch zu dominanten Wertesystemen in einer Gesellschaft, im Besonderen einer Mittelschicht, steht (vgl. Cohen 1955). Welche besondere Rolle Subkulturen mit Verweis auf gruppendynamische Konzepte dabei spielen, zeigt Matza anhand nachfolgender Aussage: „It is quite fair to say that subculture is the central idea of the dominant sociological view of delinquency." (Matza 2010: 19).

4.3 Labeling und sekundäre Devianz

Dieser Ansatz führt eine weitere Determinante devianten Verhaltens vor Augen, die die Etikettierung einer von „der Norm abweichenden" Person umfasst. Die Bezugnahme auf den „Labeling Approach" eignet sich vor allem unter dem Aspekt der Annahme von der Gesellschaft als Rahmenbedingung der Akteure im Forschungsfeld. „Kriminologische Theorien sind insbesondere dort erklärungskräftig, wo sich die politischen Motivationen um Macht und Herrschaft nicht von den Zielen situationaler Überlegenheit oder der bloßen Zerstörung trennen lassen. Insofern sind Strain-, Controll-, Labeling-Theorien (...) in ihrem jeweiligen Erklärungsgehalt zu berücksichtigen." (Heitmeyer & Hagan 2002: 511) Die mediale Berichterstattung, wie auch die gesellschaftliche Wahrnehmung der Aktivitäten linker Gruppierungen und die nachfolgenden Auswirkungen auf diese stehen damit im Mittelpunkt des Interesses. Dieser Ansatz führt eine Determinante devianten Verhaltens vor Augen, die die Etikettierung einer von „der Norm abweichenden" Person mittels eines „Labels" umfasst. Ausgehend von den Normen und Werten einer Gesellschaft, die Howard S. Becker (vgl. Becker 1963) in Anlehnung an den mead'schen symbolischen Interaktionismus als aufgestellte Verhaltensregeln begreift, wird eine Person, die eine solche Regel verletzt, als abweichend etikettiert. Allerdings können vom Standpunkt desjenigen, der als abweichend charakterisiert wurde, die „Etikettierenden" selbst als abweichend empfunden werden (vgl. Lamnek 1977: 71), wenn die Verhaltensregeln nicht internalisiert sind. Becker führt weiter die Normsetzung an, um zu verdeutlichen, dass schon durch das Festlegen von gesellschaftlich konformem Verhalten bereits die Möglichkeit zur Abweichung geschaffen wird: „I mean, rather, that social codes create deviance by making the rules whose infraction constitute deviance" (Becker 1963: 9).

Nach der Normsetzung erfolgt die Normanwendung, die die abweichend handelnden Personen als „abweichend" markiert und damit etikettiert. Die gesellschaftliche Reaktion auf ein solches Verhalten muss allerdings nicht einheitlich sein, da deviantes Verhalten, obwohl es per se von der Norm abweicht, noch nicht als abweichend angesehen werden muss. Erst durch die Normanwendung wird ersichtlich, dass eine Devianz stattgefunden hat: „The deviant is the one to whom that lable has succsessfully been applied; deviant behavior is behavior, that people so lable." (ebd.). Durch das Label eines „Abweichlers" und die folgenden Sanktionen werden die übrigen, konformen Handlungsmöglichkeiten radikal eingeschränkt, so dass es „notwendigerweise zu abweichenden Karrieren nach der Terminologie Beckers kommen muss." (Lamnek 1977: 75). Dabei ist jedoch nicht von Belang, ob das sanktionierte, deviante bis delinquente Verhalten überhaupt stattgefunden hat. Es ergibt sich nach Becker eine „self-fulfilling-prophecy" (Becker 1981: 30–35), wenn eine Person als generalisierter und nicht spezifischer Abweichler betrachtet wird. Der letzte Schritt vollzieht sich demnach durch den Eintritt in eine Subkultur. Die dortigen Werte, Normen und Ziele können von jenen der dominanten Gesellschaft differieren was insofern kompensiert wird, indem sich neue Mittel und Wege zum Erreichen der eigenen Ziele herausbilden oder aber neue Ziele formuliert werde, die mit legitimen Mitteln zu erreichen sind.

Ausführlicher wird die Theorie der „kriminellen Karriere" von Edwin M. Lemert behandelt, der auf Basis dieser Erkenntnisse den Ansatz der primären und sekundären Devianz entwickelte. Unter der primären Devianz sind Verhaltensweisen zu begreifen, „die nicht an gesellschaftlich anerkannten und existierenden Normen orientiert sind, bzw. definitiv von diesen abweichen." (Lamnek 1977: 78). Sekundäre Devianz ist als Folge der primären Devianz zu verstehen, wonach sekundär deviantes Verhalten durch die gesellschaftliche Reaktion auf die primäre Devianz ausgelöst wird (vgl. ebd.). Das Verhalten entsteht folglich durch das Etikettieren der primär devianten Person. Lamnek beschreibt dies als Diskrepanz zwischen der Selbstdefinition und der sanktionsmächtigen Fremddefinition, die einen Rollenkonflikt auslöst (vgl. ebd.: 80). Die deviante Fremdzuschreibung wird demnach übernommen, bis eine neue Selbstdefinition an die Fremddefinition angepasst ist, jedoch erfolgt dies erst nach einem misslungenen Prozess der Normalisierung und einer Etikettierung des Verhaltens durch soziale Kontrollinstanzen (vgl. Hermann 2003: 30). Aus diesem Prozess geht eine neue Identität hervor, die mit der neuen Selbstdefinition, der Fremddefinition der etikettierenden Personen, wie auch der gesellschaftlichen Definition übereinstimmt. Auch hier werden die konformen Handlungsmöglichkeiten der Betroffenen soweit eingeschränkt, dass auf nonkonforme, illegitime Mittel zurückgegriffen wird. Die Zuschreibungen werden überdies selektiv vorgenommen, das heißt, sie sind makrosoziologisch durch das sozialstrukturelle Machtgefälle definiert (vgl. ebd.: 89). Offizielle Instanzen haben hierbei durch institutionalisierte und legitime Macht die meisten Möglichkeiten, zu definieren und klassifizieren, was als Abweichung zu gelten hat. Weitere Ansätze, wie die marxistische oder die absolutistische Position des labeling approach sind in diesem Rahmen nicht von Belang und werden daher nicht explizit behandelt.

Anschließenden Schilderungen beinhalten einen forschungsmethodischen Überblick und geben Einblick in den Arbeitsprozess und die methodologische Anleitung.

5 Forschungsmethodische Darstellung

Eine sozialwissenschaftliche Herangehensweise an das Phänomen des Linksextremismus und der Grenze von politischem Widerstand zu Gewalt aus der Sicht von Mitgliedern linksautonomer Szenen erfordert sowohl die bereits geschilderte Aufarbeitung relevanter Determinanten, als auch die Abbildung szeneninterner Ideationen und Meinungsbilder. Hierfür eignet sich die Erhebung durch qualitative Befragungsmethoden. Ein wenig erforschtes Feld sowie weitgehend fehlende Kenntnis über die Beweggründe und Motive „linksautonomer" Aktivisten machen ein „Entdecken" durch qualitative Forschung nach Thomas Brüsemeister (vgl. 2008: 19) sinnvoll. Die „entdeckende" Perspektive soll dabei Deutungsmuster und Handlungsorientierungen rekonstruieren und bietet sich somit als methodische Vorgehensweise an, da in diesem Projekt die Ausarbeitung der Handlungsmotivation und die Beschreibung des subjektiv gemeinten Sinns (vgl. Weber 1972: 188) der Probanden im Mittelpunkt des Interesses stehen. Als Handlungsmotivation wird im vorliegenden Fall „(…) ein Sinnzusammenhang, welcher dem Handelnden selbst oder dem Beobachtenden als sinnhafter ‚Grund' eines Verhaltens erscheint" (ebd.: 159) verstanden.

Zur Generierung von Wissen aus teilstandardisierten Erhebungen wurde im Rahmen dieser Forschungsarbeit auf die in der qualitativen Sozialforschung häufig angewandten Methode der Befragung zurückgegriffen. Das episodische Interview stellt neben diversen weiteren Methoden eine Form der qualitativen Befragung dar und wurde in vorliegender Forschungsarbeit bei allen Probanden angewandt. Im Folgenden soll ein Überblick der angewandten Methode gegeben sowie die Wahl der Methode dieser Arbeit begründet werden. Für die Befragung der Probanden eignen sich im Besonderen episodische Interviews, um die Erfahrungen, die die Probanden während ihrer Aktivitäten durchlebt haben, in einen theoriegeleiteten Kontext einzubetten und zudem die sozialen Lebenswelten der Probanden genauer zu beleuchten. Demnach können mithilfe dieser Methode „Argumentationen, die sich jeweils von solchen Kontexten zugunsten der Orientierung an dem daraus entstandenen begrifflichen und regelorientierten Wissen lösen", herausgearbeitet werden (Flick 2006: 160). Des Weiteren bietet die Bezugnahme auf die episodische Interviewführung die Möglichkeit einer Triangulation (vgl. ebd.: 165) verschiedener Zugänge durch die Erzählungen der Probanden, die durch steuernde Elemente des Interviewers nicht vollständig monologisiert werden. Das episodische Interview bietet damit „einen umfassenderen und in sich strukturierten Zugang zur Erfahrungswelt des Interviewpartners." (ebd.: 146). Struktur ergibt sich dabei in Abhängigkeit von der angewandten Methode bei der Analyse einzelner Sinneinheiten von Erzählungen der Probanden. Unter Erzählungen kann grundsätzlich die komprimierte Akkumulation von Apperzeptionen, von Beginn an und fortlaufend auf alle nachfolgenden Erfahrungen bezogen, verstanden werden.

Im Kontext der Erzählungen und dem daraus zu generierenden Wissen kann davon ausgegangen werden, dass das Wissen des Probanden, wiedergegeben in Erzählungen, in zwei unterschiedlichen Arten vorliegt (vgl. ebd.: 158). Dabei wird zwischen dem narrativepisodischen und dem semantischen Wissen unterschieden (vgl. ebd.). Ersteres lässt sich in einen erfahrungsnahen und situationsbezogenen Kontext einordnen und wird dementsprechend gespeichert. Für letzteres ist eine gespeicherte Form von Abstraktionen und Zusammenhängen anzunehmen (vgl. ebd.: 161). „Zentral für die Konzeption eines episodischen Gedächtnisses bzw. Wissens ist, dass jeweils nicht Begriffe und ihre Relationen untereinander die inhaltliche Basis bilden, sondern die Erinnerung an bestimmte Situationen, Ereignisse oder Fälle aus der eigenen Erfahrung." (Flick 2011: 29). Durch das episodische Interview ist es nun möglich, dieses Wissen durch erzählte Erfahrungen (narrativ-episodisch) sowie durch das spezifische Nachfragen einzelner Sequenzen (semantisch) zu erheben. Dabei ist jedoch von Nöten zu betonen, dass die Erzählungen lediglich subjektiv gefärbte Ausschnitte der Realität abbilden. In Folge dessen bleibt die Freiheit des Probanden, seine Erfahrungen nach eigenem Ermessen geordnet wiederzugeben, erhalten.

Die „regelmäßige Aufforderung zum Erzählen von Situationen" (Flick 2006: 160) kann als ein zentraler Aspekt des episodischen Interviews gesehen werden. Dies ermöglicht ein Oszillieren zwischen dem teilstandardisierten Leitfaden und einer Erweiterung des Datenmaterials durch zusätzliche Ausführungen des Probanden: „Im episodischen Interview sind Wechsel zwischen Erzählungen eigenerlebter Situationen und allgemeineren Beispielen und Illustrationen, wenn sie trotz der Aufforderung zur Erzählung von Situationen erfolgen, nicht als Verlust an Authentizität oder Validität (wie im narrativen Interview), sondern als zusätzliche Abrundung der Vielfalt der Datensorten, aus denen sich soziale Repräsentationen zusammensetzen, zu sehen." (Flick 2011: 37f.). Die Aufforderungen zum Erzählen von Situationen lassen sich in Themenbereiche gliedern, die in einem Leitfaden strukturiert werden. Dies dient auch einer strukturierten Interviewführung, durch die sich im Zuge der Analyse des Datenmaterials die geführten Interviews vergleichen lassen.

In keiner methodischen Vorgehensweise der empirischen Sozialforschung ist das Auftreten von Problemen auszuschließen, die eine eventuelle Verletzung der Gütekriterien durch Erhebungsungenauigkeiten zur Folge haben können, womit eine Unverwertbarkeit des Datenmaterials einhergeht. Im Falle des episodischen Interviews ist es beispielsweise möglich, dass der Proband nicht zu einer Schilderung seiner Erfahrungen fähig zu sein vermag. Eine fehlerhafte Fragetechnik des Interviewers stellt des Weiteren einen beeinflussenden Faktor dar, der sich negativ auf die fortlaufenden Schilderungen des Befragten auswirken kann. Das deduktive Element der Strukturierung des Leitfadens wirkt dem jedoch, verglichen mit anderen Arten der Interviewführung, entgegen und zeichnet sich dementsprechend durch eine geringere Fehlerhäufigkeit aus. Um „die jeweiligen Vorteile von narrativem Interview und Leitfaden-Interview" (Flick 2006: 165) nutzen zu können, wurde sich in vorliegendem Projekt für die qualitative Befragungsmethode der episodischen Interviews entschieden. Die routinierten Handlungen der Alltagswelten von Probanden sollen somit aufgedeckt werden, was durch eine künstlich herbeigeführte Befragungssituation in stark strukturierten Interviews oftmals nicht möglich ist (vgl. ebd.).

Nachfolgende Unterpunkte behandeln die Vorgänge von der Erstellung des Erhebungsinstrumentes, über die Kontaktaufnahme mit den Probanden bis zur Erhebung des Datenmaterials und geben einen reflexiven Überblick über die methodologische Vorgehensweise. Die

Argumente für die Wahl der Methode des episodischen Interviews werden in nachfolgendem Gliederungspunkt näher erläutert.

5.1 Erhebungsinstrument

Um das theoretische Konstrukt „politisch motivierte Gewalt" in seinen jeweiligen subjektiven Erfahrungen und Einstellungen der Probanden fassbar zu machen, bietet sich die Erhebungsform der episodischen Interviews als geeignetes Erhebungsinstrument an. Zum einen kann hierdurch das durch Erzählungen ausgedrückte Wissen erhoben und zum anderen mögliche Definitionen des Konstruktes durch spezifisches Nachfragen der subjektiven Schilderungen herausgearbeitet werden. Der Leitfaden der episodischen Interviews umfasst, nach vorherigem Abwägen bei der Wahl der Methode, deduktive Elemente. Diese sind theoriebasiert und nehmen auf bereits unter den Punkten 4.1 bis 4.3 erläuterte Konzepte Bezug, die in ihrer Darstellung das Vorwissen zu dem Forschungsfeld aufzeigen. Der Leitfaden ist in Themenblöcke gegliedert, die jedoch durch ihre variable Gliederung die Themensprünge und thematischen Ausschweifungen der Probanden zu berücksichtigen vermochten.

Die ersten Themenblöcke dienen als Einstieg in die Interviewsituation und behandeln den Zugang des Probanden zur linksautonomen Szene und deren subjektive Bedeutung für jenen, wie auch einen subkulturellen Bezug und Veränderungen innerhalb der Szene. Darauffolgende Fragen behandeln das subjektive Verständnis von politisch motivierter Gewalt, Gewalt im Allgemeinen sowie die Grenze zwischen Widerstand und Gewalt. Bezweckt wurden hiermit eine möglichst genaue Definition der Begrifflichkeiten sowie ein wiedergegebenes Verständnis von angewandter Gewalt in situativem Kontext. Erhoben werden sollte zudem, wie die Sichtweise auf politisch motivierte Gewalt und Gewalt im Allgemeinen zustande gekommen ist und welche Faktoren bei dieser Meinungsbildung maßgeblich beteiligt waren. Zu diesem Zweck ist hier eine Bezugnahme auf mögliche Vorbilder des Probanden und eventuelle prägende Ereignisse zu finden. Des Weiteren wurde der Proband nach möglichen Veränderungen dieses Bildes gefragt, um auch hier Einflussfaktoren des Wandels festzuhalten.

Der nachfolgende Frageblock kann in diesem Kontext als schwierigster angesehen werden. Dies ist in seinem Inhalt zu begründen, auf welchen einige der Probanden mit Distanzierung oder gar einer Antwortverweigerung reagierten. Der Erzählanreiz bestand dabei in der Beschreibung von Situationen, in welchen der Proband bisher selbst Gewalt aus politischen Motiven angewandt hatte. Auch situative Zusammenhänge und die beteiligten Personen sollten dabei beleuchtet werden. Im Fokus der Fragen standen hier Ziele und Motive der Gewaltanwendung sowie die Reflexion der eigenen Hemmschwelle zur Gewaltanwendung und der bereits ausgeübten Gewalt.

Zuletzt wurde das Erkenntnisinteresse auf den Einfluss der Gruppe und Abläufe innerhalb der Gruppierungen gerichtet. Wie Aktionen organisiert werden, vonstattengehen und wie das Umfeld der Gruppierung nach einer solchen reagiert, steht ebenfalls im Interesse der Forschung. Dies schließt auch die Organisation innerhalb der Gruppierung mit ein, womit mögliche hierarchische Strukturen nicht ausgenommen bleiben. Die Wahrnehmung der Szene durch die Gesellschaft sowie deren Sichtweise auf Aktionen durch linksautonome Gruppierungen soll dabei eine Einschätzung linker Aktivisten auf die Gesellschaft bieten.

Der Leitfaden wurde in seiner vollständigen Form vor dem Beginn der Datenerhebung einem Pretest unterzogen, um im Voraus Unstimmigkeiten und schwer verständliche Fragen einer Überprüfung unterziehen zu können. Die Durchführung des Pretests fand mit einer der linksautonomen Szene ehemals angehörenden Person statt, die gleichzeitig in der Rolle eines „Gatekeepers" für einen der Probanden fungierte. Dies erwies sich als sinnvoll, da sich im Laufe des Pretests Verständnisschwierigkeiten ergaben, die durch eine komplexitätsreduzierende Umformulierung der entsprechenden Fragen behoben werden konnten. Auf potenzielle Schwierigkeiten, die sich durch Fragen nach selbst angewandter Gewalt ergeben könnten, wurde ebenfalls hingewiesen. Im Zuge des Erkenntnisinteresses sind diese Fragen jedoch nach Überlegungen beibehalten worden. Der Pretest lässt sich als aufschlussreiche Diskussion zusammenfassen, die durch stellenweise Kritik, allerdings größtenteils durch Übereinstimmung gekennzeichnet war.

Zur Erhebung der qualitativen Daten ist zunächst ein Zugang zum Forschungsfeld nötig. Ein Eindringen in das Feld sowie das Verlassen dieses sind nicht immer unproblematisch. Jörg Strübing bezeichnet den Zugang mit folgenden Worten: „Eine traditionelle Vorstellung von Feldzugang sieht den Forscher vor der Aufgabe, aktiv eine Rolle im Feld zu erwerben. Diese Vorstellung setzt aber die Akteure im betreffenden Zielmilieu ungefähr so passiv, wie der bekannte Satz in Geschichtsbüchern, Kolumbus habe Amerika entdeckt, die dortigen Ureinwohner zu bloßen Objekten macht, und sie geht von einer Art Nullpunkt (…) aus." (Strübing 2013: 60). Das episodische Interview wurde unter diesem Gesichtspunkt genutzt, um der Passivität der Probanden entgegenzuwirken, jedoch genügend Struktur durch einen Leitfaden sicherzustellen.

5.2 Zugang zum Feld

Die Akquise der Befragten von Beginn der ersten Kommunikation bis zur Durchführung aller Interviews fand in einem Zeitraum von Juni bis Oktober 2017 statt. Die Kontaktaufnahme erfolgte bei allen Personen über digitale Kommunikationsmedien. Dabei wurde auf E-Mails und Nachrichten über mobile Endgeräte zurückgegriffen. Im Falle der Kommunikation über E-Mails wurde bei nahezu allen Probanden der Wunsch geäußert, durch Verschlüsselungssysteme wie „Pretty Good Privacy" (PGP) zu kommunizieren. Überdies wurden mehrheitlich bis zum Stattfinden des Interviews keine oder falsche Namen geäußert. Auch entstand bei einigen Probanden zunächst Unmut, die Einwilligungs- und Datenschutzerklärung mit Klarnamen zu unterzeichnen.

Die Interviews fanden persönlich, mit der Ausnahme eines Telefoninterviews, in einer von den Probanden gewünschten öffentlichen, beziehungsweise privaten Umgebung statt. Alle Teilnehmenden wurden zunächst in einem lockeren Gespräch über das Projekt näher informiert, um eventuelle Fragen zu beantworten und einen allgemeinen Überblick zu verschaffen. Der rechtliche Rahmen der Einwilligung und des Datenschutzes wurde ebenfalls vor dem Interview besprochen und unterzeichnet. Näheres zu der Situation vor den Interviews ist den Beobachtungsprotokollen unter Punkt 6. zu entnehmen.

Vier der insgesamt sieben interviewten Probanden wurden durch dieselbe Informations- und Kontaktquelle bezogen. Dies unterschied auch die Konstellation der Interviews zu den restlichen, da hier die Probanden zunächst als „Gruppe" auftraten. So erschienen zu dem Termin des Interviews nicht, wie angekündigt, zwei Personen, sondern vier. Durch vorbereitete Unterlagen war es jedoch möglich, die beiden weiteren Personen ebenfalls zu befragen. Die oben genannten Erläuterungen zum Projekt und rechtliche Absicherungen wurden gemeinsam mit allen Teilnehmern der Gruppe besprochen, worauf sich alle Probanden, mit Ausnahme der interviewten Person, außer Hörweite begaben und nacheinander interviewt werden konnten. Alle weiteren Probanden, die nicht Teil der Gruppe sind, konnten einzeln befragt werden. Auch die Örtlichkeit des Interviews wurde bei allen weiteren Interviews vom öffentlichen in den privaten Raum verlegt. Dies vereinfachte die Gewährleistung eines ungestörten Rahmens sowie die Sicherstellung der Deutlichkeit der Audioaufnahmen.

5.3 Beschreibung der Stichprobe

Die Struktur der Stichprobe wird nach Egloff „vor der eigentlichen Erhebung festgelegt (…) und zwar bezogen auf die als relevant erachteten Merkmale der zu erhebenden Fälle als auch auf die Größe der Stichprobe (…)" (2002: S. 65). Anders als beim theoretical sampling, wird bei dieser Vorgehensweise Vorwissen in die Stichprobenziehung miteinbezogen. Dies hat jedoch zum einen zur Folge, dass eine theoretische Sättigung nicht hinlänglich erreicht werden kann, zum anderen, „dass diese Auswahl nach äußeren Kriterien dem Anspruch qualitativer Forschung, aus dem Material heraus zu Kategorien zu gelangen, eigentlich konträr gegenübersteht." (ebd.) Durch eine Triangulation deduktiver und induktiver Herangehensweisen soll ein variables Kategoriensystem mit einer induktiven Erstellung von Subkategorien diesem Problem entgegenwirken. Aus forschungspragmatischen Gründen wird der Anspruch auf Vollständigkeit des Samples in diesem Rahmen nicht erhoben, jedoch bietet das erstellte Erhebungsinstrument die Möglichkeit zu einer späteren Erweiterung des Samples, insofern sich ein bedeutendes Defizit in diesem herausstellen sollte (vgl. ebd.).

Das Sampling der Probanden begann bereits ein halbes Jahr vor den Interviews, da der Prozess der Akquirierung durch Sicherheitsbedenken und fehlendem Vertrauen seitens der Probanden hinsichtlich der Thematik des Forschungsprojektes Verzögerungen unterworfen war. Schwierigkeiten ergaben sich dabei sowohl bei der Kontaktaufnahme über „Gatekeeper", zu denen persönlicher Kontakt bestand, als auch im Kontaktieren von Gruppierungen in einer Zufallsstichprobe durch die Blindziehung über das Internet. Anfragen wurden oftmals ignoriert oder abgelehnt. Begründungen finden sich hier vor allem in der Befürchtung, die Anonymität und eigene Sicherheit könnte gefährdet werden. Zudem bestand seitens der Probanden oftmals der Verdacht einer Kooperation der Forschung mit staatlichen Institutionen wie der Polizei oder dem Verfassungsschutz. Die Akquise der Probanden auf zwei unterschiedliche Arten ist demnach in der Schwierigkeit zu begründen, Personen ausfindig zu machen, deren Bereitschaft zu Aussagen über tendenziell juristisch nonkonforme Handlungen gegeben war. Helferich (2005: 155) beschreibt bezugnehmend darauf die Auswahl der Befragten in Abhängigkeit der Zugänglichkeit zu diesen.

Die befragten Personen stellen eine relativ homogene Stichprobe dar. Dies wird anhand der fehlenden Heterogenität bezüglich des Geschlechtes und des Alters deutlich. Eine Homologie der Geschlechter von Interviewer und Befragten war bei keinem der Interviews gegeben. Für die Altersangaben lässt sich eine Spanne von 17–25 Jahren festhalten. An dieser Stelle sei auf die Variabilität der Altersangaben mancher Probanden verwiesen, die sich aus einer gewünschten Anonymität durch die Unkenntlichmachung des Alters ergibt. Somit sind für zwei Probanden lediglich Alterspannen, statt einer konkreten Zahl angegeben worden.

Alle Befragten gehören nach eigener Aussage einer linksautonomen Gruppierung an, die je nach subjektiven Einschätzungen als mehr oder weniger „radikal" beschrieben wird. Ebenso kann für alle Probanden eine zum Zeitpunkt des Interviews aktive Beteiligung in den jeweiligen Gruppierungen festgehalten werden. Es ist nicht auszuschließen, dass sich die Probanden, neben den vier Probanden, welche durch dieselbe Kontaktperson akquiriert wurden, untereinander kannten; zu einer möglichen Bekanntschaft liegen keine Informationen vor.

5.4 Reflexion der Feldphase

Die Rahmenbedingungen aller Interviews wurden im Voraus festgelegt und unter Bezugnahme auf gängige Literatur (vgl. Flick 2006: 158ff.) abgesichert, wie unter 5.1 und 5.2 erläutert wurde. Es ergaben sich jedoch bei der Durchführung der Interviews mit der vierköpfigen Personengruppe Schwierigkeiten, die nicht unerwähnt bleiben sollen. So musste beispielsweise ein Interview, um eine ungestörtere Atmosphäre zu gewährleisten, kurzzeitig unterbrochen und in einen anderen Raum verlegt werden, da in der öffentlichen Lokation Personen auf das Interview Einfluss nahmen. Das Telefoninterview wurde ebenfalls durch eine Verbindungsstörung einmalig unterbrochen. Die Probanden selbst zeigten sich jedoch weitestgehend unbeeinflusst von Personen innerhalb des Raumes, ebenso von dem Wechsel des Raumes und dem Abbruch der Verbindung. Nach dem Wiederholen der zuletzt gestellten Frage wurden beide Interviews ungestört fortgesetzt.

Personen, die von außen auf das Interview mit den vier Personen einwirkten, waren beispielsweise andere Gäste und Bewirtungspersonal. In deren Gegenwart zeigten sich die Probanden jedoch gänzlich unbeeinflusst und es war zu keinem Zeitpunkt das Gefühl zu vernehmen, dass sich die Probanden in ihren Äußerungen zurückhalten oder sich in Anwesenheit anderer Personen bedeckt halten würden. Dies ist möglicherweise auf die öffentliche Lokation zurückzuführen, die auf Nachfragen von den Probanden als eine Art „Szene-Treff" beschrieben wurde, in welcher sich einige Mitglieder autonomer Organisationen sowie musikalischer Subkulturen treffen würden. Inwieweit sogenannte „Anwesenheitseffekte" (Schnell; Hill; Esser 1999: 331) Einfluss auf das Antwortverhalten der Probanden hatten, ist jedoch nicht messbar. Hintergrundgeräuschen wie Musik und Gespräche anderer Personen wurde durch lauteres Sprechen entgegengehalten. Die Qualität Audioaufnahmen ist davon jedoch nicht übermäßig gestört, da die Stimmen von Interviewer und Probanden klar zu vernehmen sind.

Bei allen Interviews wurde auf eine natürliche und alltagsnahe Sprache geachtet, um ein Gefühl des „Beobachtetwerdens" im Sinne des Interviewereffektes (vgl. ebd.: 300) zu umgehen. Auch eine vorangehende Erklärung aller wissenschaftlichen Schritte und der Beweggründe zur Forschung trug merklich zu einer Entspannung der Probanden bei. Als sinnvoll erwies sich ebenfalls eine Nachbesprechung der Interviews mit den einzelnen Probanden. Hierbei wurden beispielsweise Beschreibungen und Antworten herausgegriffen, die prägnant erschienen. Auch die Motivation für das Interview und weitere Fragen seitens der Probanden konnten nachfolgend in einer entspannten Atmosphäre beantwortet werden.

Das Verhältnis von Probanden und Interviewer gestaltete sich sehr differenziert. Dabei reichte das Verhaltensspektrum der Befragten von einer sehr distanzierten Haltung, bis hin zu einer nahezu freundschaftlichen Offenheit. Dies soll an dieser Stelle in Bezug zur Art der Akquirierung der Probanden genauer betrachtet werden. Auffallend war ein distanzierteres Verhältnis zu jenen Probanden, die durch eine Zufallsauswahl (random sampling) in einer Blindanalyse akquiriert wurden. Dies kann auf einen fehlenden „Vertrauensvorschuss" hinweisen, der auf die Kontaktaufnahme per Email zurückzuführen sein könnte. Dadurch hatten jene Probanden keine Möglichkeit sicherzustellen, dass es sich bei den Interviews um einen „vertrauenswürdigen" Rahmen handeln würde. Im Gegensatz dazu war von denjenigen Probanden, welche durch „Gatekeeper" kontaktiert worden waren, die selbst zu einem gewissen Teil in der Szene aktiv sind, ein merklich offeneres und entspannteres Verhalten wahrnehmbar. Dies kann im Umkehrschluss darauf hindeuten, dass sich die Probanden im Vorfeld mit dem Gatekeeper absprechen und Informationen zu den stattfindenden Interviews, wie auch Details zum Interviewer im Voraus einholen konnten. Eine anfängliche Distanz war allen Probanden anzumerken, jedoch löste sich diese nach der Beschreibung des Projektes und dem Besprechen des rechtlichen Rahmens weitestgehend auf. Eine unterschiedlich ausgeprägte Vertrauensbasis zeigte sich ebenfalls in der Hemmung einiger Probanden in der Beantwortung von Fragen, die sich auf gezielte Ereignisse oder die Reflexion eigener Beteiligung an ausgeübter Gewalt bezogen. So wurde die Beantwortung von Fragen dieser Art häufiger von denjenigen Probanden verweigert („Item-Nonresponse": vgl. Schnell; Hill; Esser 1999: 331), die ohne Gatekeeper akquiriert wurden, wodurch es vereinzelt zu einer kurzzeitigen Distanzierung zwischen Probanden und Interviewer kam, die sich bei den nachfolgenden Fragen allerdings wieder löste.

Folgender Abschnitt gibt einen Überblick über Schwierigkeiten, die während der Feldphase auftraten. Eine Herausforderung stellte die Kontaktaufnahme und Festlegung eines Interviewtermins dar. Da die verbindliche Zusage einiger Interviewpartner zeitweise nicht gegeben war und die Kontaktaufnahme schon zu einem sehr frühen Zeitpunkt wie unter 5.2 geschildert geschah, konnte zunächst kein vorläufiger Zeitplan zur Erstellung der Fragen entstehen. Mit den verbindlichen Zusagen aller Probanden musste wiederum ein relativ knappes Zeitfenster eingehalten werden, um die Probanden nicht zu lange „hinzuhalten". Demnach musste das Oszillieren zwischen einer vorausschauenden Planung der Interviews und der vorsichtigen Näherung an das Feld gewährleistet werden.

Während der Durchführung der Interviews war bei der Frage nach Veränderungen innerhalb der Szene eine latente Überforderung einiger Probanden feststellbar, da die Frage mehrere Unterpunkte beinhaltete. Hierauf wurde mit einer schrittweisen Abarbeitung der einzelnen Fragekomponenten reagiert, um sicherzustellen, dass diese nicht übersprungen wurden.

5.5 Datenaufbereitung

Das erhobene Datenmaterial in Form der Interviews wurde mithilfe eines Aufzeichnungsgerätes persistent gemacht. Anschließend folgte eine Transkription des Interviewmaterials mithilfe der Datenauswertungssoftware „MAXQDA". Im Folgenden wird das Schema erläutert, nach welchem die Interviews transkribiert wurden. Im Wesentlichen stellt das einfache erweiterte Transkriptionssystem (vgl. Dresing/Pehl 2013: 21ff.) die Vorgehensweise dar, an der sich im Rahmen dieser Forschung orientiert wurde, welche wiederum geringfügig modifiziert wurde.

Zunächst erfolgte eine Anonymisierung aller personenbezogenen Daten, wie Namen und erwähnte Orte, die einen direkten Aktionskontext oder eine Verbindung zu linksautonomen Gruppierungen erkennen ließen. Hierbei ist die Explikation der verwendeten Siglen von Bedeutung. Für die Bezeichnungen des Interviewers und des Befragten finden sich in allen Interviews die Siglen „I" (Interviewer) und „B1-7" für den jeweiligen Befragten, wobei hier die jeweilige Ziffer die Interviews in chronologischer Abfolge strukturiert. Auf weitere Pseudonymisierungen wurde verzichtet, da dies seitens der Probanden nicht gewünscht wurde. Des Weiteren wurden lokale Bezeichnungen in allen Interviews durch die Siglen „*****" gekennzeichnet, temporale Bezugnahmen mit den Siglen „x.x.", um auch hier mögliche Rückschlüsse auf beteiligte Personen zu vermeiden.

Sprachliche Besonderheiten, die eine dialektische Färbung betreffen, wurden leicht geglättet und an das Schriftdeutsch angepasst (vgl. Kuckartz 2010: 44). Wortverschleifungen sind in abgeschwächter Form weiterhin in den Transkripten zu finden, da im Zweifelsfall der Orginalton beibehalten wurde (vgl. Dresing & Pehl, 2013, S. 21ff). Da keiner der Probanden eine ausgeprägte Form eines Dialektes vorwies, welche sich für die Analyse von besonderer Wichtigkeit erweist, kann in diesem Rahmen folglich davon abgesehen werden, alle dialektischen Färbungen und Wortverschleifungen ungeschliffen in das Transkript zu übertragen. Ebenso wurde mit Verständnissignalen und Fülllauten des Interviewers und des Befragten verfahren, da diese für die anschließende Interpretation unerheblich angesehen werden können. Um die Argumentationsmuster der Probanden nicht „verschwimmen" zu lassen, wurde jedoch auf eine vollständige Satzglättung verzichtet. Auch sei an dieser Stelle auf die vorgenommene Spezifikation der Pausenlänge und der nonverbalen Kommunikation im Rahmen des einfachen erweiterten Transkriptionsschemas verwiesen (vgl. Kuckartz et al. 2008: 27ff.), welche einen präzisen Eindruck des Gesagten geben sollen. Zudem wurde eine Frageintonation am Ende des Satzes einbezogen, da diese Artikulationsweise bereits während der Interviews bei einigen Probanden auffiel. Darüber hinaus kennzeichnen Unterstreichungen einzelner semantischer Satzteile deren besondere Betonung. Abschließend erfolgte eine mehrfache Überprüfung jedes Transkriptes mit der jeweiligen Tonspur, um eine frühzeitige Fehlervermeidung zu gewährleisten und die Validität (vgl. Bortz & Döring 2006: 326) des Datenmaterials nicht zu gefährden. Darüber hinaus wurde sich um den Erhalt der inhaltlichen Bedeutung durch eine einmalige Kodierung der Fakten, Meinungen und Motive bemüht (vgl. Dresing & Pehl, 2013, S. 30ff.).

Auf eine spezifische Auswertung des Kurzfragebogens, dessen Fragen zum Ende jedes Interviews den Schluss bildeten, wird im weiteren Verlauf verzichtet. Dies ist mit der geringen Anzahl der Fragen zu begründen, was wiederum auf die Sensibilität der personenbezogenen Daten zurückzuführen ist. Jedoch wurden die Informationen bezüglich des Geschlechts und des Alters in die Beobachtungsprotokolle im Zuge der Interviewbeschreibung aufgenommen und darüber hinaus in den Interpretationskontext einbezogen.

Als nachfolgender Schritt wird das Codieren der Interviews nach dem Leitfaden der qualitativen Inhaltsanalyse unter Bezugnahme auf das Konzept von Udo Kuckartz im weiteren Verlauf des Textes erläutert.

5.6 Qualitative Inhaltsanalyse nach Udo Kuckartz

Die inhaltliche-strukturierende Inhaltsanalyse kann als Kern der qualitativen Inhaltsanalyseverfahren betrachtet werden und ist insbesondere für die Entwicklung verschiedenster Arten von Kategorien geeignet (vgl. Kuckartz 2012: 43f.). Die explizit als solche bezeichnete Variante (vgl. Mayring 2010) kann im Spektrum der qualitativen Inhaltsanalysen mit der konventionellen und gerichteten qualitativen Inhaltsanalyse (vgl. Hsieh & Shannon 2005) sowie der thematischen Analyse nach Boyatzis (1998) und der komplexen Inhaltsanalyse (vgl. Rustemeyer 1992) ergänzt werden. Die unterschiedlichen Verfahren weisen jedoch im Kern eine ähnliche Struktur auf. Die Inhaltsanalyse ist ein komplexitätsreduzierendes Auswertungsverfahren mit dem Ziel, systematisch und theoriegeleitet schriftlich festgehaltene Kommunikation zu analysieren, um Rückschlüsse auf bestimmte Aspekte dieser ziehen zu können (vgl. Mayring 2010: 12f.). Dabei ist sie vorrangig am Text selbst in seiner Gesamtheit (vgl. Kuckartz 2016: 48) interessiert. Der Vorgang des Arbeitens am Material kann als komprimierend und resümierend, mit der Intention einer Zusammenfassung (vgl. ebd.: 52) beschrieben werden. Zentral für diese Art der Analyse ist nach Kuckartz die zweidimensionale Strukturierung des Materials anhand von Fällen und Kategorien. Mit der Herangehensweise der hier gewählten Methode wird das erhobene Datenmaterial regelgeleitet (vgl. Mayring 2010: 12f.) anhand ausgewählter inhaltlicher

Kategorien beschrieben. In der qualitativen Inhaltsanalyse wird eine Kategorie als ein Bezeichner (oder etwas Bezeichnendes) verstanden, dem Textstellen zugeordnet werden (vgl. Kuckartz 2007: S. 57) und als das Ergebnis der Klassifizierung von Einheiten begriffen, die einen mehr oder weniger hohen Komplexitätsgrad aufweisen (vgl. Kuckartz 2016: 37). Der Analyseprozess der qualitativen Inhaltsanalyse ist charakterisiert durch geringere Linearität, verglichen mit dem klassischen Modell und lässt eine dynamische Veränderung der Forschungsfrage durch Präzision während des Forschungsprozesses zu (vgl. ebd.: 46).

Das Vorgehen dieses Projektes orientiert sich im Rahmen der inhaltlich-strukturierenden Inhaltsanalyse an der Methode des thematischen Kodierens nach Udo Kuckartz, welche hier näher beschreiben wird. Das inhaltlich-reduktive Auswertungsverfahren (vgl. Lamnek 1993: 110ff.) ist besonders geeignet „für Material, das theoriebezogen mit einem Leitfaden erhoben wurde. Es ist also besonders adäquat für strukturierte Formen qualitativer Forschung." (Kuckartz, 2010: 85) Die methodische Anwendung umfasst einen vierstufigen Prozess (vgl. ebd.), der mit der Entwicklung der *Auswertungskategorien* beginnt, sich mit dem Kodieren des Materials anhand eines *Kodierleitfadens* fortsetzt und daran anschließend eine Erstellung von *Fallübersichten* mit einer darauffolgenden *vertiefenden Analyse* ausgewählter Fälle vorsieht.

Die *Auswertungskategorien* des ersten Schrittes werden in der Auseinandersetzungen mit theoretischen Vorüberlegungen und ersten Felderkundungen durch initiierende Textarbeit entworfen (vgl. Kuckartz 2010: 86). Diese Entwürfe sind theoriegeleitet, jedoch im empirischen Prozess durch Verfeinerungen und Ausdifferenzierungen modifizierbar. Sie können beispielsweise als „natürliche Kategorien" (Kuckartz 2012: 43) begriffen werden, welche sich stark an den Inhalten und Begrifflichkeiten im Datenmaterial orientieren. Eine weitere Variante stellen die „analytischen Kategorien" (ebd.) dar, die Inhalte stärker abstrahieren. Thematische Kategorien, auch als Themencodes bezeichnet, behandeln ein übergeordnetes Thema oder Argument, die Informationen zu den inhaltlichen Kategorien enthalten (vgl. Kuckartz

2016: 34). Diese Art der vorläufigen Kategorien stellt das Gerüst des Interviewleitfadens dar, das in ein Kategoriensystem übertragen wird. Dieses kann durch Unterkategorien erweitert werden, insofern sich diese aus dem Material heraus ergeben. Das System kann dabei als lineare Liste, in hierarchischer Abstufung oder als Netzwerk vorliegen (vgl. Kuckartz 2016: 38). Die hier gewählte hierarchische Anordnung der Kategorien besteht aus über- und untergeordneten Ebenen, die aus Haupt- und Unterkategorien bestehen und bietet die Möglichkeit, auf die jeweils höhere Ebene des Systems zu aggregieren (vgl. ebd.: 85).

Die Hauptkategorien können, wie in vorliegendem Projekt, deduktiver Natur und durch ein a priori strukturiertes Vorwissen theoriebezogen sein (vgl. ebd. 64). Induktiv aus dem Material heraus ergeben sich dagegen meist die Unterkategorien, wie auch im Fall dieser Arbeit. Eine Triangulation deduktiver und induktiver Kategorienbildung wurde gewählt, da auf Basis der theoretischen Vorüberlegungen zu Legitimations- und Neutralisierungsansätzen, sub- und kontrakulturellen Ansätzen sowie Labeling und sekundärer Devianz Oberkategorien herausgearbeitet wurden, die durch Unterkategorien ergänzt werden mussten. Induktive Subkategorien wurden aus dem Material (vgl. Kuckartz 2016: 64), wie auch stellenweise mit Rückbezug auf theoriegeleitetes Vorwissen geschaffen, um etwaigen Lücken der Oberkategorien entgegenzuwirken. Gleichzeitig wurde durch eine Codierung des gesamten Textes anhand eines sowohl deduktiven, als auch induktiven Kategorienschemas der Blick in der späteren Analyse nicht verengt: „Das Postulat, in systematischer Weise das gesamte Datenmaterial einer Studie kategorienbasiert auszuwerten, bewahrt vor voreiligen, nur auf wenige Fälle bezogenen Schlussfolgerungen und schützt die Forschenden vor der Suggestion des Einzelfalls" (Kuckartz 2016: 52). Als Gütekriterium kann die Bezeichnung der richtigen Stellen mit Kategorien gemessen werden, wobei eine exakte Bestimmung der Grenzen hier nicht im Vordergrund steht (vgl. ebd.: 34). Auf das Erstellen von Fallzusammenfassungen („Case-Summary"), die als „eine systematisch ordnende, zusammenfassende Darstellung der Charakteristika des Einzelfalls" (ebd.: 58) begriffen werden, wurde in dieser Arbeit verzichtet. Dies ist mit einer möglicherweise verengten Perspektive, die aus einer vorschnellen Beurteilung der Probanden resultieren kann, zu begründen.

In einem weiteren Schritt wird das gesamte Material mit dem erstellten *Kodierleitfaden* kodiert. Dabei werden relevante Sinneinheiten den Kategorien des Leifadens zugeordnet, welcher in diesem Prozess fortlaufend durch sich induktiv ergebende Unterkategorien erweitert werden kann. Das Verfahren des *konsensuellen Kodierens* (vgl. Kuckartz 2010: 88), welches das Kodieren des Materials durch mehrere Forscher mit dem Ziel eines diskursiven Beschlusses vorsieht, konnte hier aus forschungspragmatischen Gründen nicht berücksichtigt werden.

Das Erstellen von *Fallübersichten* im Sinne einer Profil-/Themenmatrix ermöglicht es als nächster Schritt, einen Überblick der Themen der Interviews (vgl. ebd.: 88f.) zu geben. Die Aussagen der befragten Personen befinden sich dabei in den Zeilen, die Themen in den Spalten einer solchen Matrix, wodurch ein Selektieren, Separieren und Abstrahieren ohne den Verlust der Kontextkontrolle möglich wird (vgl. Kuckartz 2016: 49). Wird eine horizontale Betrachtung vorgenommen, so können die Äußerungen einzelner Probanden sichtbar gemacht werden. Kuckartz (vgl. 2016: 50) bezeichnet dies als fallorientierte Perspektive. Betrachtet man dagegen die kategorienorientierte Perspektive aus der Vertikalen, so wird der Blick auf bestimmte Themen gelenkt, zu denen die Aussagen aller Probanden in Relation gesetzt werden können. In einer tabellarischen Darstellung können somit, durch einen Vergleich mehrerer Zeilen, Zusammenhänge und neue Informationen sichtbar werden, die einer selektiven Perspektive des Forschenden entgegenwirken. Diese bilden die Grundlage für weiterführende Analysen des Materials und darüber hinaus gegebenenfalls eine Auswahl spezifischer Fälle. Bei Textstellen zu einem bestimmten Thema, die im gesamten Material verteilt sind, bieten sich thematische Fallzusammenfassungen an (vgl. Kuckartz 2016: 111). Dieses Vorgehen erlaubt eine tabellarische Übersicht, die bei einer späteren Einzelfallbetrachtung für ein Vergleichen ausgewählter Fälle hilfreich sein kann. Dabei werden die Zitate der Probanden „mit analytischem Blick" (ebd.) in Zusammenfassungen komprimiert. Überdies können fallbezogene thematische Zusammenfassungen erstellt werden, die die fallbezogenen Aussagen einer Person wiedergeben[13].

Eine *vertiefende Analyse* ausgewählter Fälle beinhaltet nach Kuckartz (vgl. 2010: 90f.) eine selektive Einzelfallanalyse. In einer Überprüfung können theoriebezogene Analysen der Fälle vorgenommen werden, die sich eng am Material orientieren. Dabei stellen die thematischen Fallzusammenfassungen einen wichtigen Bestandteil dar, da „sie eine an theoretischen Interessen orientierte Auswahl von Fällen für die vergleichende Analyse von Fällen erleichtern." (Hopf et. al. 1995: 30) Zudem dienen sie einer regelgeleiteten zusammenfassenden Interpretation der Ergebnisse, „indem sie vor verzerrenden und theoretische Stimmigkeit vorschnell behauptenden Zusammenfassungen schützen und insofern zu einer auf mehrere Einzelfälle bezogenen Hypothesenprüfung beitragen." (ebd.) Somit kann darauf aufbauend jeder Proband bezugnehmend auf weitere Fälle betrachtet werden. Mithilfe einer vertiefenden Einzelfallinterpretation lassen sich besonders interessant erscheinende Fälle noch einmal genauer, durch das erneute Durcharbeiten ausgewählter Transkripte, zentriert auf eine bestimmte Fragestellung, beleuchten (vgl. Kuckartz 2016: 116). Das Ziel kann dabei die Generierung und Überprüfung von Hypothesen, oder die Erweiterung des theoretischen Rahmens sein (vgl. Schmidt 2010: 482f.).

---

13 Das als „framework analysis" bezeichnete Verfahren findet sich bei Richie und Spencer (1994) in ausführlicher Form.

6 Beschreibung der Interviews

Die Auswahleinheit (Sampling Unit) des Projektes umfasst sieben Probanden, die nach beschriebenem Verfahren[14] akquiriert wurden und in den folgenden Gliederungspunkten beschrieben werden. Die Analyseeinheit (Recording Unit), die die zu analysierenden Fälle unter Ausschluss der Restlichen bezeichnet, umfasst fünf Interviews. Der Ausschluss zweier Interviews ist durch ihre geringe Aussagekräftigkeit und ihren niedrigen Informationsgehalt begründet. Das Interview mit dem Probanden B2 war beispielsweise durch eine hohe Dichte von Antwortverweigerungen (Item-Nonresponse) gekennzeichnet, sodass der Informationsgehalt auf einem sehr niedrigen Niveau blieb. Im Gespräch mit dem Probanden B7 zeigte sich, dass dieser sich zwar der Szene zuordnete, jedoch einen sehr peripheren Platz einnimmt. Unter diesem Aspekt erschien es fraglich, inwieweit der Proband als aktives Mitglied der linksautonomen Szene begriffen werden kann. Beide hier beschriebenen Interviews wurden daher nicht mit in die weiteren Analysen miteinbezogen. Details zum Ablauf der Interviews finden sich dessen ungeachtet in nachfolgenden Interviewprotokollen.

6.1 Interview I

Beobachtungsprotokoll zum Interview: B1

Kontaktaufnahme

Der Proband wurde, zusammen mit drei Weiteren (B2, B3 und B4), über eine Website kontaktiert, die ihre Kontaktdaten über ein Forum bereitstellte. Hierdurch wurde eine verschlüsselte Kommunikation per Email ermöglicht. Die Nachrichten wurden an alle Mitglieder der

---

14 Siehe dazu Punkt 5.3

Gruppierung gesendet, jedoch beschränkten sich die Antworten auf eine Person. Diese gab an, sich mit den restlichen Mitgliedern auf der kommenden Plenumssitzung zu besprechen und nachfolgend wieder Kontakt aufzunehmen. Dies geschah in einem ungefähren Zeitraum von zwei Monaten. Die Kontaktperson (B4) benutzte während dieses Prozesses, bis zum Stattfinden der Interviews einen Decknamen des anderen Geschlechtes. Auf Nachfragen gab sie sich nach dem Interview zu erkennen. Die Anfrage nach Interviewpartnern allgemein wurde nach Angaben der Kontaktperson sehr kontrovers innerhalb der Gruppierung diskutiert, da sich einige Mitglieder nicht dazu bereiterklären wollten.

Der Proband B1 war von der ersten Kontaktaufnahme mit eingebunden und entschied sich trotz der Bedenken und gegenteiligen Meinungen innerhalb der Gruppierungen für die Teilnahme an einem Interview. Der Proband kam am Interviewort auf mich zu und gab sich zu erkennen.

Lokation

Der Interviewort wurde den Probanden freigestellt und von diesen ausgewählt, lediglich mit dem Hinweis versehen, dass sich die Hintergrundgeräuschkulisse in Grenzen halten solle, um die Aufnahmen nicht übermäßig zu stören.

Ausgewählt wurde ein Restaurant, in dem ein Tisch durch die Probanden reserviert wurde. Auffällig waren hier die wenig diskrete Reklame für Cannabiskonsum und ein Musikstil, der sich in Reggae und alternativen Rock einordnen lässt. Der Interaktion von Probanden und Personal nach zu urteilen handelte es sich um einen Szenetreff, was auch während der letzten beiden Interviews noch einmal deutlich wurde, die in einem abgetrennten Raum stattfanden, nachdem die Tischbesetzung und Geräuschkulisse im Restaurant als zu störend empfunden wurden.

Der Proband wurde an einem Ecktisch mit genügend Platz zu benachbarten Tischen befragt, sodass ein Mithören des Gesprächs weitestgehend ausgeschlossen wurde.

Zur Person

Der Proband gab eine Altersspanne von 18–25 Jahren und ein männliches Geschlecht an. Aus Gründen der Sicherheit und Anonymität wurden auf präzise Fragen zu momentaner Arbeitssituation und/oder Schul-/Ausbildung verzichtet.

Es konnte kein Auffälliger Kleidungsstil, der auf eine Sympathie oder Mitgliedschaft in linksautonomen Gruppierungen schließen ließe, ausgemacht werden.

Vor dem Interview

Sowohl die Klärung der datenschutzrechtlichen Rahmenbedingungen und Hinweise zum Verfahren der Anonymisierung, als auch die Unterzeichnung nötigen Formulare wurde mit allen vier Probanden dieser Interviewsektion zusammen vorgenommen. Dieses Vorgehen stieß zunächst auf Ablehnung bei den Probanden B2 und B4, die das Formular nicht mit Klarnamen unterzeichnen wollten. Nach ausführlichen Erklärungen der Gründe und einer wiederholten Prozessbeschreibung der Anonymisierung erklärten sich die Probanden jedoch dazu bereit. Zudem wurde den Probanden ein Überblick über das Forschungsprojekt verschafft und bereits bestehende Fragen geklärt. Auch sollte dieses Gespräch die anfängliche Distanz überwinden und den Probanden Sicherheit bieten, auf deren Grundlage die Interviews stattfinden sollten.

Nach dem Austausch oben genannter Informationen wurde festgelegt, dass der jeweilige Proband, der interviewt werden sollte, am Tisch sitzen bleibt, während sich die restlichen Probanden an einen Tisch am Ende des Raumes ohne Sichtkontakt auf den gerade interviewten Probanden begaben.

Während des Interviews

Der Proband zeigte sich nervös und angespannt, jedoch freundlich und interessiert. Die sichtbare Anspannung ließ mit dem Start und dem Verlauf des Interviews merklich nach. Als besonders auffällig erschien die Frageintonation, welche nach beinahe jedem Satz zu vernehmen war, auch wenn es sich um einen Aussagesatz handelte. Auch zeigte sich die gelöstere Stimmung durch häufigeres Lachen und kurze Zwischensätze, die umgangssprachlich und ohne Bedacht auf Formulierung und Inhalt eingestreut wurden.

Die Antworten des Probanden wirkten ehrlich, jedoch zwischendurch sehr überlegt, was sich durch eine gewählte Wortwahl ausdrückte. Längeres Überlegen war jedoch bei den meisten Fragen nicht zu vernehmen, was den Antworten einen spontanen Charakter verleiht. Durch äußere Einflüsse auf das Interview, wie beispielsweise das Servicepersonal oder andere Gäste, zeigte sich der Proband wenig bis gar nicht beeindruckt. Auffallend war die kurz gehaltene Beantwortung der eigentlichen Frage, die meist durch eine Schilderung von Einstellungen und Begründungen abgelöst wurde, welche nicht immer zum Thema der Frage zu passen schienen.

Nach dem Interview

Nach Abschalten des Aufnahmegerätes ergab sich lediglich eine kurze Konversation über die Beweggründe der Teilnahme an dem Interview. Hierzu gab der Proband an, zu diesem Thema etwas sagen und einen Beitrag dazu leisten zu wollen, dass sich mit der linksautonomen Szene beschäftigt werde. Außerdem wurde floskelhaft darauf gehofft, durch das Interview helfen zu können. Der Proband stand nach Beendigung der Konversation auf, um den nachfolgenden Interviewpartner an den Tisch zu schicken. Die Reihenfolge der Interviews wurde dabei von den Probanden selbst bestimmt.

Eindrücke

Der Proband machte vor, während, wie nach dem Interview einen vergleichsweise offenherzigen Eindruck. Durch Lachen und aufrechtgehaltenem Augenkontakt zeigte sich eine zunehmend entspanntere Atmosphäre.

Oft wurde das Gefühl vermittelt, sich für die getroffenen Aussagen rechtfertigen zu müssen, was sich durch eine vorangegangene Frageintonation und einer folgenden Erklärung äußerte. Zudem bezogen sich die Aussagen des Probanden oft auf Familie und enge Freunde, was den Eindruck sozialer Nähe vermittelte. Auch ein starker Bezug auf das Individuum, ebenso wie eine betonte Offenheit der Szene prägten die Aussagen. Ebenso fiel ein ausgeprägter Gerechtigkeitssinn auf, der sich durch das Ausschmücken von Ungerechtigkeiten und geschilderte Hilflosigkeit bemerkbar machte. Auch zeigte der Proband eine hohe Bereitschaft zu Erklärungen szenetypischen Vokabulars und organisatorischer Abläufe.

6.2 Interview II

Beobachtungsprotokoll zum Interview: B2

Kontaktaufnahme

Die Kontaktaufnahme erfolgte auf gleiche Weise wie bei Proband B1.

Lokation

Alle Angaben zum Ort des Interviews sind dem Protokoll mit B1 zu entnehmen.

Der Proband wurde zunächst im selben Raum wie der Proband B1 befragt, jedoch musste das Interview kurzzeitig unterbrochen werden und in einen anderen Raum verlegt werden, da die Geräuschkulisse, wie auch die Tischnachbarn Störfaktoren darstellten, die das Interview in zu hohem Maße zu beeinflussen drohten. Gelöst wurde dies durch den Wechsel des Ortes in einen abgetrennten Raum der Lokalität, der zunächst von keiner dritten Person betreten wurde.

Zur Person

Der Proband gab eine Altersspanne von 17–20 Jahren und ein männliches Geschlecht an. Aus Gründen der Sicherheit und Anonymität wurden auf präzise Fragen zu momentaner Arbeitssituation und/oder Schul-/Ausbildung verzichtet.

Das Erscheinungsbild des Probanden lässt sich in eine alternative gesellschaftliche Szene einordnen, was durch Kleidungsstil und Frisur zum Ausdruck kam.

Vor dem Interview

Siehe Beschreibung des Probanden B1.

Während des Interviews

Durch kaum vorhandenen Augenkontakt und eine angespannte Sitzhaltung signalisierte der Proband während des gesamten Interviews eine von Misstrauen geprägte Distanz. Dies kam vor allem dadurch zur Geltung, dass der Proband einem Großteil der Fragen die Antwort verweigerte (Item-Nonresponse). Unsicherheit und Angst vor einer missachteten Einhaltung der Gewährleistung von Anonymität und Datenschutz schienen dabei einen erheblichen Einfluss auf das Verhalten des Probanden zu nehmen.

Nach dem Interview

Trotz der wenigen Fragen, die der Proband beantwortete, hoffte dieser nach dem Interview, mit denselben helfen zu können. Es kam keine weitere Konversation zustande, es war im Gegenteil eher zu vernehmen, dass Proband froh war, sich aus der InterviewSituation begeben zu können. Auch zeigte sich dies in der Ablehnungshaltung, sein Alter wahrheitsgemäß anzugeben. Um eine zu große Unsicherheit zu umgehen wurde dem Probanden angeboten, einen Alterszeitraum anzugeben. Er verließ nach dem Abschied den Raum, um dem nächsten Interviewpartner Bescheid zu geben.

Eindrücke

Die distanzierte und misstrauische Stimmung des Probanden wurde im Laufe des Interviews nur stellenweise gelöster. Der Proband machte einen sehr überlegten Eindruck, da keine der Antworten wirklich spontan zu vernehmen war. Auch waren scheinbar nicht alle Fragen von größter Präzision für den Probanden, da dieser oft eine Erklärung für ebendiese benötigte. Die vergleichsweise kurze Dauer von etwa 25 Minuten gibt ebenso einen Hinweis auf die geringe Kommunikationsbereitschaft und damit einen ungenügenden Informationsgehalt.

Da sich in den gegebenen Antworten des Probanden nicht genügend Informationen finden wird das Interview als nicht förderlich für eine einheitliche Informationsgewinnung betrachtet. Nach Überlegungen zum Gehalt des Interviews und den emotionalen Rahmenbedingungen, die das Antworten des Probanden behinderten, wird das Interview nicht mit in die fortlaufenden Analysen miteinbezogen.

6.3 Interview III

Beobachtungsprotokoll zum Interview: B3

Kontaktaufnahme

Die Kontaktaufnahme erfolgte auf gleiche Weise wie bei Proband B1.

Lokation

Alle Angaben zum Ort des Interviews sind dem Protokoll mit B1 zu entnehmen.

Die Befragung des Probanden fand in einer abgetrennten Räumlichkeit statt, die ein ungestörtes Befragen des Probanden ermöglichte.

Zur Person

Der Proband gab ein Alter von 21 Jahren und ein männliches Geschlecht an. Aus Gründen der Sicherheit und Anonymität wurden auf präzise Fragen zu momentaner Arbeitssituation und/oder Schul-/Ausbildung verzichtet.

Das Erscheinungsbild des Probanden lässt sich in die linksautonome Szene einordnen, was durch Kleidung mit Aufdrucken zum Ausdruck gebracht wurde.

Vor dem Interview

Siehe Beschreibung des Probanden B1.

Während des Interviews

Der Proband signalisierte von Beginn der Befragung an kein spürbares Misstrauen. Entgegen dem Verhalten der weiteren Probanden dieser Gruppe machte er einen offenen und direkten Eindruck. Lediglich bei Fragen nach der Selbstbeteiligung bei Gewaltanwendung signalisierte der Proband Zurückhaltung, fiel jedoch bei den übrigen Fragen durch ein geradliniges und bestimmtes Antwortverhalten auf.

Nach dem Interview

Nach Beendigung der Aufnahme kam keine länger andauernde Konversation zustande, es wurde lediglich noch einmal auf das Forschungsvorhaben eingegangen. Nachfolgend entfernte sich der Proband, um den letzten zu Befragenden hereinzubitten.

Eindrücke

Auffallend am Verhalten des Probanden waren ein sehr selbstsicherer Auftritt sowie eine scheinbare Unbefangenheit, die während der anderen Interviews in diesem Ausmaß nicht zu vernehmen war. Das Gespräch zeichnete sich durch klare Definitionen aus, auf die während des Interviews immer wieder zurückgegriffen wurde. Ebenso wurden Grenzbegriffe und Definitionen, bei deren Ausformulierung sich andere Probanden sehr schwer taten, strikt voneinander getrennt und ebenso deutlich definiert. Die Antworten beinhalteten oft den Bezug zu politischen Gegnern, welcher jedoch konstant negativ ausfiel. Auch eine sich wiederholende Betonung auf die empfundene Legitimität der Anwendung gewaltsamer Mittel für die Erreichung der eigenen Ziele nahm einen großen Teil der Aussagen ein.

6.4 Interview IV

Beobachtungsprotokoll zum Interview: B3

Kontaktaufnahme

Die Kontaktaufnahme erfolgte auf gleiche Weise wie bei Proband B1.

Lokation

Alle Angaben zum Ort des Interviews sind dem Protokoll mit B1 zu entnehmen.

Die Befragung des Probanden fand in einer abgetrennten Räumlichkeit statt, die ein ungestörtes Befragen des Probanden ermöglichte.

Zur Person

Der Proband gab ein Alter von 23 Jahren und ein männliches Geschlecht an. Aus Gründen der Sicherheit und Anonymität wurden auf präzise Fragen zu momentaner Arbeitssituation und/oder Schul-/Ausbildung verzichtet.

Das Erscheinungsbild des Probanden lässt sich in die linksautonome Szene einordnen, was durch Kleidung mit Aufdrucken zum Ausdruck gebracht wurde.

Vor dem Interview

Siehe Beschreibung des Probanden B1.

Während des Interviews

Der Proband ließ einen nachdenklichen Eindruck vermerken, was sich durch überlegtes Antworten und häufige Pausen während des Sprechens abzeichnete. Auch machte es den Anschein, als wäge der Befragte seine Worte genau ab. Demnach ließ sich der Proband vor der Antwort genügend Zeit, um die richtigen Worte zu finden, was mit einem geringeren Maß an Spontanität einherging.

Ab der Hälfte des Interviews begaben sich weitere Personen in den Raum, da der gastronomische Betrieb auf die Räumlichkeit ausgeweitet wurde. Der Proband schenkte jedoch weder dem Personal, noch den Gästen weitere Beachtung und fuhr unbeirrt mit seinen Schilderungen fort.

Nach dem Interview

Der Proband zeigte kein Interesse daran, die Konversation nach Beendigung der Aufnahme abzubrechen, weshalb es zu einem längeren Gespräch kam, in welchen sowohl auf bereits geführte Interviews, als auch auf das Forschungsprojekt im Allgemeinen eingegangen wurde. Ferner schilderte der Befragte weitere Eindrücke aus der linksautonomen Gruppierung, der er angehört, die sich allerdings lediglich randläufig mit den gestellten Fragen des Interviews überschnitten. Es wurde reges Interesse an der Forschung und an weiterführenden Schritten des Projektes geäußert und diskutiert. Der Kontakt blieb darüber hinaus für das Weiterleiten von Informationsmaterial der linksautonomen Gruppierung in Bezug auf Meinungsäußerungen bestehen.

Eindrücke

Im Allgemeinen lässt sich die wenig spontane, überlegte Beantwortung der Fragen des Probanden festhalten. Allerdings zeigte der Befragte kein übermäßiges Misstrauen, was anhand der Bereitwilligkeit zur Beantwortung der meisten Fragen, wie auch der Bereitschaft zu einer weiterführenden Konversation nach der Beendigung des Interviews deutlich wurde.

6.5 Interview V

Beobachtungsprotokoll zum Interview: B5

Kontaktaufnahme

Der Proband wurde über die Homepage einer linksautonomen Szene kontaktiert und meldete sich daraufhin zurück. Von Anbeginn der Kontaktaufnahme wurde dabei strikt auf ein Verschlüsseln der Nachrichten bestanden. Das Interview hätte mit dem Einverständnis des Befragten persönlich stattfinden können, jedoch war dies aufgrund eines Umzugs des Probanden nicht mehr möglich gewesen und fand aus diesem Grund per Telefon statt.

Lokation

Das Interview wurde per Telefon geführt.

Zur Person

Der Proband gab ein Alter von 19 Jahren und ein männliches Geschlecht an. Aus Gründen der Sicherheit und Anonymität wurden auf präzise Fragen zu momentaner Arbeitssituation und/oder Schul-/Ausbildung verzichtet.

Das Erscheinungsbild des Probanden konnte aufgrund des Interviews per Telefon nicht in Augenschein genommen werden.

Vor dem Interview

Der Befragte wurde vor dem Beginn des Interviews über das Projekt im Allgemeinen aufgeklärt, um mögliche Rückfragen zu beantworten. Der rechtliche Rahmen des Datenschutzes und der Einverständniserklärung wurde besprochen, jedoch separat unterzeichnet. Der Proband zeigte diesbezüglich keine Hemmungen, diese zu unterzeichnen.

Während des Interviews

Das Interview wurde einmalig durch eine Verbindungsstörung nach bereits 4:08 Minuten durch eine Verbindungsstörung des Telefons unterbrochen. Durch einen erneuten Anruf wurde die Aufzeichnung fortgesetzt. Das Interview wurde aus diesem Grund in zwei Audio-Dateien gespalten, die unter den Bezeichnungen B5.1 für die ersten 4:08 Minuten und B5.2 für den restlichen Interviewteil in der Analyse referiert werden. Während der Aufnahme war kein Misstrauen zu vernehmen, der Proband zeigte sich bis auf wenige Fragen bereit, seine Eindrücke und Erfahrungen zu schildern. Durch gelegentliches kurzes Lachen entstand zudem der Eindruck einer gelassenen Stimmung.

Nach dem Interview

Dem Abschluss des Interviews folgend wurden die demographischen Angaben des Befragten erhoben. Zudem wurde kurz auf die Motive für die Teilnahme an dem Interview eingegangen. Überdies zeigte sich der Befragte motiviert, auf einige Quellen zu Gewaltdiskursen innerhalb der Szene zu verweisen. Dies kann möglicherweise eine Kompensation zu den Antwortverweigerungen darstellen, was sich allerdings nicht genauer belegen lässt.

Eindrücke

Der Proband zeigte sich in nahezu allen Themenbereichen offen und erklärungsbereit. Die Beantwortung der Fragen nach Anlässen und Zwecken selbst angewandter Gewalt, wie auch der Beteiligung von Personen wurde jedoch verweigert. Es war durch den nicht gegebenen Sichtkontakt nur schwerlich festzustellen, inwieweit der Proband dadurch eine distanziertere Haltung eingenommen haben könnte, es zeigte sich allerdings im nachfolgenden Antwortverhalten keine feststellbare Hemmung. Dem Probanden schienen die Begriffsdefinition mancher Konstrukte schwer zu fallen, was sich durch eine sehr überlegte Art des Antwortens mit einigen Pausen äußerte.

6.6 Interview VI

Beobachtungsprotokoll zum Interview: B6

Kontaktaufnahme

Der Befragte wurde durch einen Gatekeeper kontaktiert, der sich selbst als ehemaliges Mitglied der linksautonomen Gruppierung begreift. Die Aktivität des Gatekeepers habe nach dessen Aussage abgenommen, jedoch bestünde weiterhin Kontakt zu einigen Mitgliedern. Auf ein vorsichtiges Herantasten an den Probanden folgte ein Austausch der Kontaktdaten über elektronische Kommunikationsmedien. Das Projekt selbst wurde im Voraus durch den Gatekeeper skizziert, sodass während der Kontaktphase vor dem Interview nicht auf das Projekt eingegangen wurde.

Lokation

Befragte wurde der Proband auf dessen Wunsch in privaten Räumlichkeiten des Interviewers. Dies hatte den erheblichen Vorteil einer ungestörten Kommunikation sowie eine weiterhin gewährleistete Anonymität durch Unkenntnis des Wohnortes.

Zur Person

Der Proband gab ein Alter von 20 Jahren und ein männliches Geschlecht an. Aus Gründen der Sicherheit und Anonymität wurden auf präzise Fragen zu momentaner Arbeitssituation und/oder Schul-/Ausbildung verzichtet.

Es konnte kein auffälliges Äußeres ausgemacht werden, das einen Hinweis auf die Nähe zur linksautonomen Szene geben könnte.

Vor dem Interview

Das Projekt wurde nochmals in Grundzügen erläutert und das Interesse der Forschung dargelegt. Eine anschließende Unterzeichnung der Datenschutz- und Einverständniserklärung erfolgte ohne weitere Probleme. Diesbezüglich ließ sich keine Hemmung aufgrund von Anonymitäts- oder Sicherheitsbedenken erkennen.

Während des Interviews

Eine durchwegs offene und entspannte Atmosphäre, die sich durch gelegentliches Lachen und eine alltagsnahe Sprache zeigte, dominierten das Interview. Ein längeres Überlegen und das Achten auf den Inhalt des Gesagten vielen lediglich bei der Beantwortung der Fragen nach selbst angewandter politisch motivierter Gewalt auf.

Nach dem Interview

Der Proband zeigte sich nach Beendigung der Aufnahme an weiteren Details zur Forschung interessiert. Auch die persönliche Motivation zur Bereitschaft als Interviewpartner wurde thematisiert. Der Befragte zeigte keine Eile, das Gespräch nach dem Interview zu beenden.

Eindrücke

Es entstand ein reflektierter Eindruck des Probanden, da dieser seine Aussagen im Verlauf mehrmals aufgriff. Zudem wirkte der Proband in Bezug auf das Thema „Geschlechtshierarchien" in der linksautonomen Szene sehr offen und ehrlich, auch wurde die Thematik ohne Erzählungsanreiz von dem Befragten selbst gewählt. Die Aussagen im Allgemeinen hatten einen wahrheitsgetreuen und weniger vorbereiteten Charakter.

6.7 Interview VII

Beobachtungsprotokoll zum Interview: B7

Kontaktaufnahme

Durch einen Gatekeeper, der jedoch selbst nicht in der linksautonomen Szene aktiv ist, wurde der Kontakt zu dem Probanden hergestellt.

Der Gatekeeper wusste dabei von der Zugehörigkeit des Befragten, weshalb dieser angesprochen wurde. Durch Kommunikationsmedien ist dabei der Kontakt zwischen Interviewer und Proband hergestellt worden, wobei der Proband auf eine sichere Kommunikationsmöglichkeit bedacht war, was bestimmte Medien, wie beispielsweise „Telegram" ausschloss.

Lokation

Das Interview fand auf Wunsch des Befragten in dessen Wohnung statt, wo ein ungestörter Rahmen durch das Fernbleiben weiterer Personen gewährleistet werden konnte.

Zur Person

Der Proband gab ein Alter von 21 Jahren und ein männliches Geschlecht an. Aus Gründen der Sicherheit und Anonymität wurden auf präzise Fragen zu momentaner Arbeitssituation und/oder Schul-/Ausbildung verzichtet.

Es konnte kein auffälliges Äußeres ausgemacht werden, das einen Hinweis auf die Nähe zur linksautonomen Szene geben könnte.

Vor dem Interview

Der Befragte wurde in einem lockeren Gespräch über den Ablauf des Interviews, das Projekt im Allgemeinen sowie den rechtlichen Rahmen durch Datenschutz und Einverständnis aufgeklärt. Er zeigte sich dabei interessiert an dem Projekt und der methodischen Vorgehensweise.

Während des Interviews

Der Proband vermittelte einen offenherzigen Eindruck und wirkte bemüht, zu allen Fragen eine Antwort zu finden, auch wenn dies bei einigen durch fehlende Kenntnis nicht möglich war. Eine Distanz zwischen Interviewer und Proband war zu keinem Zeitpunkt zu vernehmen. Eine Begründung hierfür kann in dem freundschaftlichen Verhältnis zwischen Gatekeeper und Proband liegen, die eine Vertrauens-basis schaffte.

Nach dem Interview

Nach Beendigung des Interviews wurden die Inhalte nochmals thematisiert. Zudem zeigte sich ein fachliches Interesse des Probanden. Auch seine Positionierung innerhalb der Gruppierung wurde nochmals differenziert erläutert.

Eindrücke

Durch häufiges Lachen und eine sehr natürliche Artikulationsweise erschien der Proband offen und unbefangen. Der Befragte teilte auffallend viele persönliche Eindrücke und lediglich einzelne Aussagen zur Gruppierung oder Szene mit. Die Position innerhalb der Gruppierung wurde als „Randfigur" ohne besondere Aktivität beschrieben. Aufgrund der fehlenden Kenntnis über einige Themen, die erfragt werden sollten sowie der randständigen Verortung des Probanden, wird das Interview durch seinen geringen Informationsgehalt nicht in weiterführende Analysen miteinbezogen.

Alle weiterführenden Beschreibungen zu Inhalt des Gesagten aller Probanden und entsprechenden theoretischen Bezugnahmen sowie Interpretationen finden sich in folgendem Kapitel, welches sich der Analyse der Codierungen widmet. Es soll damit ein kategorischer Überblick gegeben werden, der die Aussagen der Probanden vergleichend einbezieht.

7 Analyse der Interviews

In den folgenden Teilkapiteln wird zunächst die Herausarbeitung der Kategorien geschildert und diese in einem weiteren Schritt entlang der Hauptkategorien analysiert. Des Weiteren wird eine Betrachtung der einzelnen Fälle für eine fallbezogene thematische Zusammenfassung vorgenommen.

Die hermeneutische Differenz (vgl. Kuckartz 2016: 19) zwischen der Analyse der Intention des Gesagten und dem tatsächlichen subjektiv gemeinten Sinn (vgl. Weber 1972: 188) der Probanden soll an dieser Stelle aufgegriffen werden. Dies hat den Zweck zu verdeutlichen, dass zu keinem Zeitpunkt der Anspruch auf vollständige Erkenntnis über die Handlungsmotivation der Befragten erhoben wird. Unter Hermeneutik im Allgemeinen sei die Technik des Verstehens und Auslegens (vgl. Kuckartz 2016: 17) verstanden, die hier auf das vorliegende Material angewandt wird. Die Existenz hermeneutischer Differenzen im Sinne von „Lücken" des Verständnisses aufgrund fehlender Szenenzugehörigkeit und weiterführend lediglich stellenweise geteilter Lebenswirklichkeiten von Probanden und Interviewer muss daher in die anschließenden Interpretationen miteinbezogen werden. An dieser Stelle sei auch auf die Unmöglichkeit verwiesen, eine intersubjektiv übereinstimmende hermeneutische Deutung zu postulieren, da keine falschen oder richtigen Deutungen existieren, sondern „nur mehr oder weniger angemessene Interpretationen" (ebd.: 20).

7.1 Kategorienbildung nach Udo Kuckartz

Die Wichtigkeit, die das Kategoriensystem in der klassischen qualitativen Inhaltsanalyse einnimmt, wird durch Berelson eindrücklich beschrieben: „Content analysis stands or falls by its categories (…) since the categories contain the substance of the investigation, a contant analysis can be no better than its system of categories." (1952: 147).

Hiermit wird deutlich, wie maßgeblich eine präzise Zuordnung des Materials zu den deduktiven und induktiven Kategorien ist. Die unter 5.6 bereits dargestellte Triangulation erfolgte durch zwei unterschiedliche Vorgänge: Zunächst auf deduktive Weise, durch ein Subsumieren des Materials unter eine a priori in Bezug auf theoretische Konstrukte gebildete Kategorie (vgl. ebd.). Induktive Kategorien wurden anschließend durch einen Akt des Generierens von Phänomenen gewonnen, die sich in den empirischen Daten (vgl. ebd.) zeigten. Diese Maßnahme der Zuordnung von Textpassagen veranschaulicht dabei die Grundgestalt des Materials (vgl. Mayring 2010: 65).

Darüber hinaus formuliert Kuckartz (vgl. 2016: 39) die Notwendigkeit der Beschreibung der Kategorien für die Sicherstellung einer akkuraten Zuordnung, die nicht aleatorisch ist: „Für die qualitative Inhaltsanalyse als einem regelgeleiteten Verfahren ist es wichtig, gleichzeitig mit der Konstruktion des Kategoriensystems auch die Kategoriendefinition zu formulieren. Gleichgültig, auf welche Weise die Kategorien entwickelt wurden, ob induktiv am Material oder vorab ohne empirische Daten, jede Kategorie muss definiert werden." Eine Beschreibung der Kategorien sowie die Grenzziehung zwischen diesen durch Kodierregeln ist im Projekt durch Memos festgehalten worden. Hiermit sollte eine präzise inhaltliche Erläuterung der vergebenen Codes[15] für eine intersubjektive Nachvollziehbarkeit des Forschungsprozesses festgehalten werden. Eine Kategoriendefiniton enthält nach Kuckartz mindestens die Bezeichnung dieser und ihre inhaltliche Beschreibung (vgl. 2016: 67). In diesem Projekt ist jede Kategorie durch eine inhaltliche Beschreibung sowie Ankerbeispiele für eine bessere Nachvollziehbarkeit definiert. Andreas Diekmann sieht hierfür die Eigenschaften disjunkt und erschöpfend als zentrale Anforderungen an (vgl. 2007: 589). Darunter sollen eine trennscharfe Definition und eine ausreichende Präzision der Kategorien verstanden werden. Textstellen, die sich inhaltlich nicht klar zu einer Kategorie zuordnen ließen, wurden unter „Beispiele für [...]" gefasst. Die Beschreibungen aller Kategorien, ihre Kodieregeln sowie veranschaulichende Ankerbeispiele finden sich im Codebuch, welches der Arbeit als Anhang auf einem Datenträger beiliegt.

---

15 Der Begriff „Code" wird hier synonym für Kategorie verwendet.

In dem Prozess "breaking apart data and delineating concepts to stand for blocks of raw data" (Corbin & Strauss 2008: 195), der das offene Codieren in Ansätzen nach der Grounded Theory beschreibt, wurden 19 Hauptkategorien mit jeweiligen Subkategorien gebildet. Die einzelnen Aussagen innerhalb einer Kategorie wurden anschließend paraphrasiert (summary-grids), um im nachfolgenden Schritt der Analyse einen strukturierteren Überblick zu gewinnen. Dies ermöglicht eine Komplexitätsreduktion des Umfangs der Transkripte mit einer fortwährenden Verbindung zum Material. Exemplarisch werden hier die zu der deduktiven Hauptkategorie (HK) „Sinn und Zweck der Gewaltanwendung" und drei ihrer induktiven Subkategorien (SK) gehörigen kodierten Textpassagen anhand jeweils zweier Interviewbeispiele dargestellt.

Tabelle 1 Kategorienerstellung

	Kategorienbezeichnung	Ankerbeispiele	Kategorien-definition
HK 7	Sinn und Zweck der Gewalt-anwendung	„(..) Durch Überlegungen hat es sich einfach (.) ist halt klar geworden, dass es der effizienteste Weg ist. (.) Irgendwelche Dinge zu verhindern, oder zu sabotieren, oder sonst was. Also nicht, nicht aus irgendwie (.) lass mal Gewalt anwenden, weil es irgendwie Spaß macht, sondern dass man einfach gesehen hat, es ist (.) es ist sinnvoll, es ist das Klügste in dieser Situation, das zu tun. Mit dem (.) höchsten Nutzen." (Interview 5.2: 38[16])

„Ja, also das. Es wird zum Beispiel historisch auch als Propaganda der Tat bezeichnet. Und das, das man halt auch die Möglichkeit aufzeigt, es gibt Wege (.) sich zu wehren, was dagegenzusetzen | Dieser Code wird vergeben, wenn die Motive für Gewaltanwendung in politisch motiviertem Kontext erläutert werden. Der Proband erklärt mit diesem Code den subjektiven Sinn seiner Handlung. |

---

16 Diese Zahl markiert den Abschnitt, in welchem das Zitat in den Transkripten zu finden ist.

		und sonst gibt's teilweise auch einfach (.) absolut egoistische Motive dahinter. Ich, ich möchte mich nicht verprügeln lassen, ich möchte, ich möchte nicht festgenommen werden oder ich möchte mich einfach selber schützen, oder ich möchte mein Leben selber irgendwie (.) ich, ich möchte ein besseres Leben, das sind auch Gründe, die absolut legitim für mich sind." (Interview 5.2: 45)	
SK 7.2	Sinn und Zweck der Gewaltanwendung: Gewalt als einziger Ausweg	„Also sie, sie müssen das tun, um eben politisch..politische Ziele zu erreichen, oder ähnliches." (Interview 6: 26) „...dann sagen, okay ich lass nicht alles mit mir machen, ja. Und ich, ich (..) finde das und das scheiße und (..) ja da (..) seh ich auch keine andere Möglichkeit mehr, dass noch, da irgendwas zu ändern und deswegen wende ich Gewalt an." (Interview 6: 52)	Dieser Code wird vergeben, wenn der Sinn und Zweck der Gewaltanwendung als einziger Ausweg beschrieben wird, der Proband sich demnach „gezwungen" sieht, Gewalt anzuwenden, um seine Ziele zu erreichen.
SK 7.4	Sinn und Zweck der Gewaltanwendung: Gewalt als Absicherung	„...und sonst gibt's teilweise auch einfach (.) absolut egoistische Motive dahinter. Ich, ich möchte mich nicht verprügeln lassen, ich möchte, ich möchte nicht festgenommen werden oder ich möchte mich einfach selber schützen." (Interview 5.2: 46) „Also (..) spätestens wenn es auf Demonstrationen, wenn jetzt mein körperliches Wohl gefährdet ist, sag ich mal, dann finde ich es legitim auf jeden Fall Gewalt anzuwenden. (..) Da zieh ich es dann auch in Betracht zu machen, also (..) weil (.) ja ich mich halt dann nicht verkloppen lassen will. (lacht)" (Interview 6: 56)	Dieser Code wird vergeben, wenn sich über den Sinn und Zweck der Gewaltanwendung als Verteidigen und Absichern des eigenen Wohls geäußert wird.

SK 7.6	Sinn und Zweck der Gewaltanwendung: Aufmerksamkeit	„…aber wenn Leute dort Scheiben einschmeißen oder einbrechen, die Tiere rausholen und die Akten verbrennen, oder was es alles für Aktionen gab, (.) das ist (.) das dient dann auch medialer Aufmerksamkeit. (I: Also da…) Und dadurch halt wieder (.) eine Polarisierung." (Interview 5.2: 44)	Dieser Code wird vergeben, wenn mediale oder gesellschaftliche Aufmerksamkeit als Sinn und Zweck der Gewaltanwendung genannt werden.
		„…dass vielleicht auch mal Medien darüber berichten, (…) warum und nicht nur dass es passiert ist (?) so" (Interview 1: 65)	

Im Sinne eines zirkulären Forschungsprozesses (vgl. Glaser & Strauss 1998) ist es notwendig, den vorläufigen Kodierleitfaden anhand mehrerer Interviews auf seine Tauglichkeit zu überprüfen. Dabei empfiehlt sich ein Umfang von etwa 25% des Datenmaterials der Analyseeinheit (vgl. Kuckartz 2016: 102). Dies geschah mithilfe zweier Interviews, die sich, „hinsichtlich Länge und Inhalt möglichst stark unterscheiden." (Kuckartz et. al. 2008: 39). Zu diesem Zweck wurden die Probanden B1 und der Proband B6 ausgewählt, da diese zum einen in unterschiedlichen Gruppierungen aktiv sind. Zum anderen wiesen die Befragten Differenzen in ihrer Artikulationsweise und überdies in ihrem Verhalten während des Interviews auf. Während des Erstellungsprozesses zeigte sich eine ausgeprägte Diversität im Antwortverhalten der Befragten. Dies betrifft zum einen die verschiedenen Antworten der Probanden, weitaus deutlicher schlägt sich dies jedoch in dem Gehalt der Aussagen nieder. So konnte bei etlichen Antworten ein häufiger Themenwechsel festgestellt werden, was zu einem sehr feingliedrigen Kategoriensystem des Kodierleitfadens führte. Die schnellen Themensprünge gingen die nicht selten zunächst an der Beantwortung der eigentlichen Frage vorbei. Nachfolgend wird exemplarisch anhand eines kodierten Segments des Interviews mit dem Probanden B6 visualisiert, wie einzelne Abschnitte in das Kategoriensystem eingeordnet wurden.

Abbildung 1 Kodiertes Segment B6

41 I: Okay, okay. Ja, wie hat sich denn im Laufe deiner Aktivitäten so in der Szene dein Bild von politisch motivierter Gewalt geändert oder gewandelt?

42 B6: Also als ich noch in der so in der Punk-
Szene unterwegs war, da war ich auch noch so (..) auf

43 dem Trip, jaa, Gewalt ist immer schlecht also ist per se immer schlecht. Das hat sich <u>defi</u> <u>nitv</u> gewandelt, weil ich, (..) weil meiner Meinung nach Gewalt jeden Tag stattfindet, u nd wir alle von einer Gewalt auch betroffen sind auch und (..) wenn ich jetzt demonstri eren will und dann kommt jetzt die Polizei und sagt ne darfst du nicht, dann habe ich m einer Meinung nach das Recht, das mit Gewalt durchzusetzen, weil einfach (..) also das war in Hamburg, also ich war in Hamburg (lachend), ja, da war das ganz (..) das war das b este Beispiel, also es hieß halt ja gut, hier welcome to hell darf nicht laufen, dann habe n sich halt die Leute gesagt ja gut, wenn ihr euch nicht an die Regeln haltet, und uns nic ht demonstrieren lasst, dann halten wir uns halt auch nicht mehr an die Regeln. Und ich glaub, das ist halt so ein bisschen das, (..) also da wurde einfach dieser dieser Konsens vom Gewaltmonopol halt gebrochen und völligzurecht auch, wei l (...) ja sich keiner mehr an Regeln hält auch. (lachen)

7.2 Themenzentrierte Analyse entlang der Hauptkategorien

In diesem Kapitel wird die Analyse des Datenmaterials anhand einer kategorienbasierten Auswertung entlang der Hautkategorien beschrieben, die durch eine Analyse der Subkategorien[17] und den Konfigurationen der Kategorien ergänzt wird[18]. Sinnvoll erschien hier die Betrachtung der Kategorien in einer Themenmatrix, die alle paraphrasierten Aussagen bezüglich einer Kategorie sichtbar macht und somit einen Überblick schafft, in welchem alle Standpunkte in die Analyse der Kategorie miteinbezogen werden können, wie die nachfolgende Tabelle exemplarisch an der Hauptkategorie „Gegner der Szene" zeigt.

---

17 Alle Subkategorien sind in den Fließtext der Analyse der Hauptkategorien eingebunden und fett markiert. Wenn der Wortlaut nicht dem Originalen entspricht, so wird die entsprechende Subkategorie nach ihrer Nennung in Klammern ausformuliert.

18 Der vollständige Kodierleitfaden ist für eine Gesamtübersicht im Anhang der Arbeit (Datenträger) zu finden.

Tabelle 2 Hauptkategorie "Gegner der Szene" mit paraphrasierten Aussagen

	Probanden				
Kategorie	B1	B3	B4	B5	B6
Gegner der Szene	Zu den Gegnern zählen der Staat, Banken, das Kapital und der Kapitalismus ganz oben, Konzerne, rechte oder konservative Personen, Nationalisten und Nationen allgemein.	Die Gegner haben sich nicht verändert. Gegner sind nach wie vor der Staat, die Polizei, Nationalsozialisten und Personen, die Produktionsmittel besitzen.	Personengruppen nehmen die linke Gruppierung als Gegner wahr, diese werden selbst als Gegner wahrgenommen. Dazu zählen Rassisten, religiös-fundamentalistische Personen und die Polizei. Letztere wird nicht durchgehend als Gegner betrachtet, sie muss „nicht beseitigt" werden.	Der Rechtsruck in der bürgerlichen Mitte, ein gestiegenes Aufkommen von Rassismus und seine Verankerung in der Gesellschaft.	Veränderte Gegner gibt es kaum. Ein gestiegenes Bewusstsein für türkische Nationalisten und deren Ablehnung durch ihr Verhalten gegenüber Kurden kam jedoch auf. Gegner sind immer noch Faschisten, Neonazis und die Polizei.

HK 1: Zugang zur linksautonomen Szene

Mit dieser Oberkategorie wurde der Prozess vom ersten Kontakt mit der Thematik bis zum Beitritt in eine Gruppierung erfasst. Der Zugang der Probanden zur linksautonomen Szene und im Genaueren zu ihrer Gruppierung erfolgte durch verschiedene Einflüsse ihres persönlichen Umfeldes. Eine entscheidende Rolle spielten dabei direkte Bezugspersonen wie das schulische Umfeld: *„B4: Wir hatten in der Schule was zur linken Bewegung und der Protestbewegung und einen Lehrer der halt echt offen dazu war und dann habe ich angefangen, mich halt dazu..für zu interessieren (...)" (B4: 2).* Auch die Lektüre von Literatur, die sich mit linken Protesten oder Theorien beschäftigte, weckte das Interesse der Befragten. Dazu zählen beispielsweise der *„Bader-Meinhoff-Komplex, weil wir haben den Film in der Schule geschaut. Dann habe ich dazu das Buch gelesen und dann angefangen Marx zu lesen (...)" (B4: 2).* Neben der Literatur erwiesen sich auch Personen aus dem persönlichen Umfeld oder Aktivisten vor Ort als Ansprechpartner, die die Befragten in die Szene aufnahmen. Der Proband B4 gründete mit seinem Bruder eine eigene Gruppierung. Ein wichtiger Zugangspunkt sind Aktionen wie Demonstrationen, über die die Probanden Kontakte knüpften: *„B3: Und das Weitere lief dann über die Teilnahme an Demos, also so das erste war die Teilnahme an der an Menschenketten, einmal gegen Atomkraft und einmal gegen Faschos (...)." (B3: 2).* Die Analyse der Kategorie lässt auf keinen einheitlichen Zugang schließen, jedoch wurde dieser häufig in Verbindung mit Punk gebracht.

Für die Probanden B3, B5 und B6 erfolgte beispielsweise der Zugang zur Szene auch durch die **Musik** (SK: Zugang durch Musik), genauer durch das Genre des Punk(rock). Die Beschäftigung mit Songtexten und deren Bedeutung oder dem Kontakt mit der „Punkszene" weckte das Interesse der Probanden an linker Politik: *„B5: Ich bin durch Musik reingekommen, größtenteils, durch Punk, das hat so die Ideen in meinem Kopf gepfl...gepflanzt" (B5.1: 2).* **Gründe für das Interesse** (SK: Gründe für Interesse an der Thematik) der Befragten an der Thematik finden sich in selbst erfahrener oder beobachteter **Diskriminierung** (SK: Erfahrungen mit Diskriminierung), einem Gefühl, dass *„dass irgendwas falsch läuft" (B1:4)* und dem Drang, etwas dagegen zu unternehmen. Die generelle Ablehnung nationalsozialistischer Ideologien und eine **antinationalistische Einstellung** (SK: Antinationalismus) ist ebenfalls ein Interessensgrund. Der Proband B3 beschreibt zudem eine persönliche **Radikalisierung**: *„die Radikalisierung kam dann (..) vor (.) kam dann so im Rahmen der Aktion Arschloch, als 2015 auch so viele Geflüchtete nach Deutschland kamen und (..) Asylbewerberheime gebrannt haben und ich mir gesagt habe okay Alter, du musst was tun." (B3: 2).* Auch Ausschreitungen wie der G20-Gipfel 2017 in Hamburg trugen zu einer Radikalisierung bei. Die Probanden B3 und B5 sind jedoch die einzigen, die eine Beschreibung der Szene oder der Gruppierung als „radikal" vornehmen.

HK 2: Bedeutung der Szene

Die Bedeutung der anderen Mitglieder in den Gruppierungen bewegt sich zwischen engen Verbündeten, Vertrauenspersonen und Bekannten, mit denen Aktionen gemacht werden. Diese werden als kraftspendendes Umfeld und **Stütze** (SK: Szene als Stütze) wahrgenommen: *„Die Szene gibt irgendwo neue Kraft und so neuen Zuspruch, also wenn man mit Leuten zusammen ist, die dich halt so, egal wie du bist akzeptieren" (B1:16).* Die subjektive Bedeutsamkeit unterscheidet sich zwischen den Probanden merklich. Sie wird beispielsweise von dem Probanden B1 als momentaner *„Lebensinhalt" (B1:8)* betrachtet, während der Proband B3 die anderen Mitglieder nicht unbedingt als Freunde ansieht (B3: 6). Die Szene wird mehrheitlich als Zusammenschluss von Personen gesehen, die ähnliche Überzeugungen haben und für gleiche (Teil-)**Ziele** (SK: Gemeinsames Ziel haben) kämpfen. Sie vermittelt ein Gefühl des Widerstandes, der Rebellion und einem *„NichtMitmachen" (B6: 8)* bei gesellschaftlichen Fehlern. Auch wirkt sich die Szene **prägend** (SK: Prägung durch Szene) durch Politisierung und Vermittlung von Idealen und Weltbildern auf ihre Mitglieder aus. Auf dieser Prägung aufbauend ermöglicht die Szene eine **gesellschaftliche Distinktion**. Die Probanden distanzierten sich darüber von *„der Gesellschaft"* und *„dem System"* und *„den Herrschenden"*: *„Ich glaub halt nicht, dass ich in der Gesellschaft wie wir sie heute haben leben will" (B1:8).* Der Szene kommt dabei die Bedeutung eines funktionalen gesellschaftlichen Äquivalents zu, in welches sich zurückgezogen werden kann, ohne sich gänzlich von *„der Gesellschaft"* zu entsozialisieren.

In der Szene und den Gruppierungen hat das **aktive Handeln einen hohen Stellenwert** (SK: Hoher Stellenwert von Aktivismus). So versuchten die Probanden alle, sich von Anfang an bei Aktionen durch eine *„Propaganda der Tat" (B5.2: 46)* einzubringen und teilweise sogar selbst eine Gruppierung zu gründen oder Aktionen zu organisieren: *„...hab ich mich halt dann auch angefangen, in dem (.) autonomen Zentrum zu (.) einzubringen, also (.) das Ganze auf die Beine zu stellen und so, das musste ja dann auch gemacht werden, das ist selbstverwaltet. (..) Genau und damit einhergehend eigentlich auch einfach, noch mehr Aktionen, an denen man mitmacht, oder Auswärtsfahrten, die man halt macht, so." (B6: 4).* Alle Probanden gaben dabei an, eine aktive Rolle (SK: Position innerhalb der Gruppierung) in der Gruppierung zu übernehmen und sich bisher bei Demonstrationen und anderen Aktionen eingebracht zu haben. Der Grad der Aktivität richtet sich allerdings nach den persönlichen finanziellen und zeitlichen Möglichkeiten.

HK 3: Bezug zu Subkultur

Der Begriff „Subkultur" wir definiert als eine Unterkultur, die sich durch bestimmte Merkmale wie Kleidungsstil, Musikgeschmack oder Sprache definiert. Dies wird durch einen **gelebten Habitus** (SK: Habitus als Praxis) deutlich, der vorgibt, was innerhalb der Szene erwünscht ist: *„Also was Sprache angeht, auch was Kleidungsstil angeht, wenn Leute nicht unbedingt richtig gekleidet sind, dann werden sie vielleicht auch schon mal schief angeschaut, auch wenn man versucht, eigentlich genau das nicht zu machen, aber wenn jemand im Anzug kommt, dann (..) ist das vielleicht auch komisch."* *(B4: 12)*. Sprachliche Besonderheiten finden sich vor allem in Abkürzungen, deren Bedeutungen außenstehende Personen nicht unbedingt kennen. Auch wird mit dem Begriff der Subkultur Identität und Distinktion zur Gesellschaft verbunden. In einer Subkultur wird sich demnach Freiraum von der „herrschenden Gesellschaft" geschaffen.

Die Szene selbst wird nicht unbedingt als Subkultur angesehen, vielmehr finden sich in der linksautonomen Szene einige Subkulturen zusammen, wie beispielsweise Hippies, Punks, oder Hip-Hopper, auf die der Begriff „Subkultur" angewandt wird. Die linksautonome Szene weist durch ihren erwarteten Habitus selbst ebenfalls subkulturelle Elemente auf, jedoch beschreiben die Probanden die Szene mehr als Schnittmenge subkultureller Teilgruppen: *„Aber nicht alle (..), also weder alle, die subkulturell sind, sind links und auch nicht alle, die links sind, sind subkulturell, aber es gibt Schnittmengen."* *(B4: 10)*. Die Szene ist darüber hinaus durch ihre inkomparablen Gruppierungen mit verschiedenen Ausrichtungen ein äußerst **heterogenes Feld** (SK: Heterogenität der Szene). Dies betrifft die verschiedenen subkulturellen Schnittmengen, wie auch die unterschiedliche Auffassung des Begriffs links und den daraus resultierenden Positionierungsdifferenzen. Subkultur wird des Weiteren als **Gegenkultur**[19] oder -entwurf betrachtet, *„also, das hat ja eine Subkultur ja meistens auch so an sich."* *(B6: 12)*. Trotz der teils konträren Ziele und Ideale entziehen sich die Mitglieder

---

19 Eine Gegenkultur wird nach Fuchs-Heinritz et al. (2011: 226) als Werte- und Normenkomplex definiert, welcher „Teile der Kultur einer Gesellschaft verwirft und dafür eigene Standards einsetzt". Sie wird als Subkultur verstanden und zeichnet sich durch ihre Opposition zur dominanten Kultur aus.

der linksautonomen Szene nicht vollständig der Gesellschaft, da sie sich dennoch als **gesellschaftlichen Teil** (SK: Interaktion mit Gesellschaft) begreifen.

HK 4: Gruppendynamische Faktoren

Die eigene Gruppierung, wie auch kleinere Bezugsgruppen haben einen großen Einfluss auf ihre Mitglieder. Dieser kann vor allem auf Aktionen wie Demonstrationen zu Handlungen verleiten, die das Individuum ohne den Einfluss nicht vollziehen würde. Der Proband B6 spricht dabei das „groupshift-Phänomen" an, welches dem Individuum in einer Gruppe eine extremere Handlungsposition zuspricht. Diese Position widerspricht den Grundgedanken einer individuellen Entscheidungsmacht des Einzelnen und des Gegenteils von Gruppendrang, die jedoch von den Befragten als wichtig erachtet wurden. Auch steht die vielfach thematisierte Individualität im Widerspruch zu der Subkategorie **„Eigengruppe"**, die die Äußerungen der Probanden im generischen Plural umfasst. Vielfach wurden in dieser Kategorie „wir", „bei uns" und „Aus linker Sicht" als Distinktion der Eigengruppe zu einer Fremdgruppe genannt, die mit Äußerungen wie „die", „ihr" und „sie…uns" gekennzeichnet ist: „…*also wir nehmen es wahr, so die Polizei, die wir auch als unseren politischen Gegner wahrnehmen, schränkt uns gerade in unseren Rechten ein, übt Herrschaft über uns aus, will uns nicht durchlassen, nimmt uns auch als Gegner wahr, wendet körperliche Gewalt gegen uns an, in dem Sinne, dass sie uns verprügeln (…)"* (B3: 40).

Es wird im Allgemeinen innerhalb der Gruppierungen viel Wert auf eine konsensuelle Entscheidung gelegt, bei der jede/r AktivistIn ein Mitspracherecht hat. Vor Aktionen wird gemeinsam, oder durch Delegierte kleinerer Gruppen ein **Aktionskonsens** herausgearbeitet, an den sich die kleineren **Bezugsgruppen** jeweils halten. Bezugsgruppen sind Zusammenschlüsse von 3–8 Personen, die im Vorfeld einer Aktion aus den größeren Gruppierungen entstehen. Der Aktionskonsens kann sich in den einzelnen Bezugsgruppen, die unabhängig voneinander und eigenständig agieren, stark unterscheiden. Dabei wird vor allem von den **„starken"** (SK: „Die Mutigen") auf die **„schwächsten"** (SK: „Die Feigen") Mitglieder der Gruppe eingegangen, nach welchen sich der Konsens richtet. Der Grad angewandter Gewalt wird hierdurch ebenfalls geregelt. Bezugsgruppen werden aus einer Demonstrationstaktik herausgebildet, um in kleinen Gruppen schnell und spontan auf unvorhergesehene Ereignisse reagieren zu können. Zudem stellt diese Taktik sicher, dass „...*nicht irgendwelche Kader oder sonst was (.) festgenommen werden und die (.) Gruppe verliert dann, also (.) ist irgendwie führungslos"* (B5.2: 70). Jede Bezugsgruppe bekommt auf einer Aktion einen Rufnamen, um sich zu sammeln. Wichtig ist vor allem das Zusammenbleiben der kleinen Bezugsgruppen, um sich selbst und weitere Mitglieder zu schützen.

Die Subkategorie **„Heroisches Subjekt"** gibt Einblick in zwei verschiedene Perspektiven. Zum einen findet eine Profilierung unter linken Demonstranten statt, was sich in Konfrontationen mit dem politischen Gegner oder der Polizei zeigt: *„Natürlich gibt es auch immer so dieses (..) dieses vermeintliche Ideal von Härte, aber (..) bei uns konnte das bis jetzt immer ganz gut vermieden werden."* (B5.2: 60). Zum anderen werden die eigenen Aktionen heroisch, mit einem Kraftaufwand und Gefahr beschrieben, der man ausgesetzt ist: *„also wenn man aktiv ist, kommt es früher oder später, also man wird bei direkter Konfrontation mit den Menschen bedroht"* (B3: 64). Trotz des Agierens als Gruppe wird sich von dem Verhalten anderer Mitglieder oder Gruppierungen stellenweise distanziert (SK: Restriktion und Distanzierung zu Mitgliedern), beispielsweise von Aktivitäten auf dem G20-Gipfel 2017 in Hamburg oder bei grundlosen Angriffen auf Polizisten. Auch Mitglieder, die durch unpassendes Verhalten auffallen, werden nicht toleriert.

HK 5: Hierarchien

Hierarchien sind in den Gruppierungen nicht gewollt, lassen sich jedoch kaum vermeiden, da die Gruppierungen durch gesellschaftliche Hierarchiesysteme geprägt sind. Es entwickeln sich **erfahrungsbasierte Hierarchien** (SK: Erfahrungswerte), die abhängig von der Präsenz und Dauer der Aktivität einer Person sind. Häufiger präsenten Personen wird eher zugehört und sie werden ernster genommen. In Stresssituationen, wie einer Demonstration sind diese Personen teilweise weisungsbefugt, um auf deren Erfahrungen aufbauend schnell agieren zu können: *„...also es gibt Gruppen, die vorher vereinbaren, (.) so ja hier du* *kennst dich aus, du hast die meiste Erfahrung, wenn wir in eine Stresssituation kommen (.), dann (.) bist du glaube ich am Besten in der Lage, die Situation einzuschätzen, ob wir uns eher zurückziehen, oder was man macht." (B5.2: 62).* Wenn sich Personen allerdings hierarchisch „erhöhen", wird versucht, dies zu unterbinden, da ein solches Verhalten als **Angriff auf die egalitären Prinzipien** (SK: Angriff auf Egalitätsprinzip) der Gruppe gesehen wird: *„die Person ist so ein bisschen hierarchisch und stellt sich so über andere, (..) da gibt es viele Leute, die sich nicht wohlfühlen in der Gegenwart der Person, ähm dann spricht man auch mit den Personen nochmal und sagt denen, die sollen sich entweder zurücknehmen, oder halt einfach nicht mehr kommen (lachend), also nicht ganz so krass, aber ja." (B1:77).* Es existieren flache Hierarchien, die jedoch versucht werden gänzlich zu vermeiden. Auch sind die hierarchischen Strukturen keine festen Gebilde, sondern unterliegen dem Vetorecht eines jeden Mitgliedes. In kleineren Gruppen wird frei und ohne eine weisungsbefugte Person agiert. Jede Gruppe schätzt dabei für sich ein, was das sinnvollste Verhalten in der jeweiligen Situation ist. Das Prinzip einer „Herrschaft" oder Kaders wird auf Demonstrationen durch individuelle Kleingruppen[20] versucht zu vermeiden. Angestrebt wird demzufolge ein zu Hierarchien komplementär geordnetes, heterarchisches Organisationssystem auf egalitärer Basis mit flachen Führungsstrukturen.

Geschlechtsspezifische Hierarchien (SK: Geschlechtshierarchie) werden nicht thematisiert, die Aussagen des Probanden B6 stellen dazu jedoch eine Ausnahme dar. In der Gruppierung des Probanden finden sich Geschlechtshierarchien, was auch in anderen Gruppierungen vorkommen soll. Diese zeigen sich durch eine häufigere Unterbrechung von Männern und Vorschlägen von Frauen, die weniger ernst genommen werden: *„...also extremer Gegensatz zu zeichnet sich oft ab, dass halt (.) Männer zum Beispiel öfter unterbrechen, als Frauen. (.) Jetzt in Diskussionen oder Ähnlichem. (..) Oder dass halt Vorschläge von Frauen nicht so ernst genommen werden, wie von Männern. (.) Ja also da, zeichnet sich schon auch eine gewisse Hierarchie ab, auf jeden Fall." (B6: 70).* In den autonomen Zentren bekommen nach Aussagen des Probanden B6 Frauen eher häusliche Aufgaben wie Putzen zugeteilt,

---

20 Siehe „Bezugsgruppen" in der Hauptkategorie „Einfluss der Gruppe"

was auf eine patriarchalische Struktur deutet. Das Verhältnis der Hierarchien zeigt sich in den Bezugsgruppen jedoch ausgeglichener, da hier der Aktionskonsens in einer kleineren Einheit beschlossen wird.

HK 6: Vorbilder

Klare Vorbilder für ihre Einstellungen oder Idealvorstellungen ließen sich bei den Probanden mehrheitlich nicht ausmachen. Der Proband B1 betrachtet den Begriff des Vorbildes weitestgehend negativ **hierarchisch** (SK: Vrobild als hierarchische Abstufung) konnotiert: *„Ich finde das auch ein bisschen komisch mit den Vorbildern, weil man da jemanden über sich stellt und denkt so ja, von dem muss ich das jetzt glauben."* *(B1:53).* Der Proband B6 hingegen sieht in Ulrike Meinhoff und ihren Positionen zu politisch motivierter Gewalt einen vorbildlichen Charakter.

Generell kann außer eben genannter Ausnahme kein konkretes Vorbild festgemacht werden, jedoch scheint eine Prägung der Probanden durch ihnen begegnende Personen (B1) und **ambitionierte Aktivisten** aus der Szene (B6) stattzufinden. Die Aussagen des Probanden B5.2 zu prägenden Aktivisten lassen erneut auf einen hohen Stellenwert von Aktionismus schließen: *„Und haben so einfach (.) ja waren einfach konsequent und haben nicht nur Verbalmilitanz betrieben und irgendwie geredet, sondern auch mal eine Praxis folgen lassen."* *(B5.2: 34).* Die geschilderte Praxis bezieht sich in diesem Fall auf die Brandstiftung in einer „Nazi-Kneipe", wie der Proband B5 berichtet.

HK 7: Einstellungen und Werte

Die Einstellungen und Werte in der linksautonomen Szene zeigen sich konstant in einem gleichbleibenden Grundgedanken und weitestgehend ähnlichen Themen. Dabei stehen nach wie vor Antikapitalismus, das Vorgehen gegen Rassismus und rechte Strömungen sowie Religionskritik im Vordergrund. Aus persönlichem Interesse beschäftigt sich der Proband B4 auch mit dem Thema Sexismus. Ein prägnanter Wert innerhalb der Szene ist die **Individualisierung** und freie Entfaltung mit einem Recht auf Selbstbestimmung und Unversehrtheit. Ein Eingriff in dieses stellt beispielsweise die Räumung eines autonomen

Zentrums dar, die das selbstverwaltete Leben der Personen angreift: *„...das ist (..) ein wahnsinniger Angriff auf (..) das Leben von Menschen, also Menschen wollen sich da irgendwie ein selbstverwaltetes Leben gestalten (.) und hauen da all ihre Energie rein, wollen ein schönes Leben, werden massiv angegriffen"* (B5.2: 50). Auch die Formatierung in individuell und eigenständig agierenden Bezugsgruppen und das Mitbestimmungsrecht eines jeden Aktivisten spiegeln dieses Prinzip wieder. Eine Appetenz nach der Selbstbestimmung des Individuums zeigt sich ebenfalls in der Ablehnung von Vorbildern und der Kritik theoretischer Standpunkte, aus denen jeweils nur Teile angenommen werden. Eine Identitätsbildung innerhalb der Subkulturen, in denen sich die Aktivisten bewegen, bringt den Individualisierungsprozess auch durch ein „Zur-Wehr-Setzen" gegen die „herrschende Gesellschaft" zur Geltung. An dieser Stelle zeigt sich ein Bezug zur als „Gegenkultur" definierten Subkultur. Das Bilden von Einstellungen und Werten durch Literatur, Erfahrungen und Distinktion lässt den Willen zu einem selbstbestimmten Individuum erkennen: *„...da ein bisschen auszubrechen versucht, irgendwo auch aus dem (.) System, in dem wir jetzt leben, das halt jetzt mir nicht genug Freiheit gibt, nicht genug (..) Verwirklichung einfach auch."* (B6: 8). Eine nicht ermöglichte Entfaltung hat für die Aktivisten zur Folge, dass das Individuum aus staatlichen Zwängen befreit werden muss, um seine eigenen Rechte und Selbstbestimmung zu erhalten. Erhofft wird sich demnach von politisch motivierter Gewalt *„eigentlich nur ein Stück weit Befreiung"* (B1:65) (SK: Befreiung des Individuums). Die entrissene Freiheit soll somit durch Reaktanz[21] wiedererlangt werden. Die Wahl der Mittel zur Verteidigung der eigenen Freiheit und Selbstbestimmung ist in diesem Fall jedoch zweitrangig: *„Wenn die kommen und sagen (..) ich hab.. man schafft jetzt Sachzwänge, aus denen sich das Individuum nicht befreien kann, ist das Gewaltanwendung. Und wenn sich das Individuum daraus befreien will, friedlich*

---

21 Bezugnehmend auf die Reaktanztheorie nach J.W: Brehm 1966, 1972: Ein in seiner Freiheit bedrohtes Individuum versucht, je nach Umfang der Freiheitseinschränkung oder -bedrohung, diese wiederherzustellen. Es folgt eine motivationale Erregung mit dem direkten Versuch, bedrohtes Verhalten auszuführen, Freiheit durch ähnliche Handlungen wiederzuerlangen oder die Entwicklung von aggressiven Gefühlen (vgl. Fuchs-Heinritz et al. 2001: 554).

geht das halt..also ich fände es toll, wenn es friedlich gehen würde, aber ich denke nicht, dass es geht." (B3: 124).

Über die Befreiung des Individuums hinaus ist der Kampf für eine „bessere Welt", welcher in der Subkategorie **„Revolution als Utopie"** festgehalten ist, ein zentraler Wert innerhalb der Szene: *„(...) und ich werde so lange ich lebe, dafür kämpfen, dass sich die Gesellschaft irgendwann ändert, auch wenn ich glaube, dass man die Gesellschaftsform, die ich anstrebe, nicht erreicht zu meinen Lebzeiten, aber ich versuch halt, dafür zu kämpfen, dass es irgendwie in naher Zukunft funktioniert so."* *(B1: 8).* Die Appetenz der Befragten richtet sich auf das Ziel einer besseren Welt, für das sich zunächst durch Kampf eingesetzt werden muss.

Ein weiterer zentraler Wert in den Gruppierungen ist eine **tolerante und offene Einstellung** (SK: Toleranz/Offenheit) gegenüber anderen Mitgliedern oder außenstehenden Personen. Die Probanden wurden selbst zu Beginn ihrer Aktivität in den Gruppierungen freundlich aufgenommen und als Mitglieder akzeptiert. Die Heterogenität und divergenten Charaktere in der linksautonomen Szene sowie die Möglichkeit für jeden, in die Szene einzutreten macht eine gewollte Offenheit der Strukturen deutlich. Auch für voneinander abweichende Standpunkte und Positionen innerhalb der Szene oder zwischen den Gruppierungen wird sich um Verständnis und Diskurs bemüht. Eine tolerante Haltung stößt allerdings bezüglich Gegnern der Szene auf ihre Grenzen, da deren Ideale und Einstellungen für inakzeptabel gehalten werden: *„...aber wir sehen halt auch so (.) keine Toleranz vor Intoleranz, also wir müssen jetzt nicht vor einem Nazi total tolerant sein und sagen ja, du hast jetzt zwar meinen besten Kumpel zusammengeschlagen, aber das ist alles in Ordnung so"* (B1:69).

Nahezu alle Probanden äußerten sich mindestens einmal solidarisch gegenüber der eigenen Gruppierung, oder der linksautonomen Szene im Allgemeinen. Zunächst wird dies durch den hohen Stellenwert der konsensuellen Entscheidungsfindung deutlich. Darüber hinaus wird einem Mitglied oder mit „linken" Einstellungen sympathisierenden Person ein generelles Verständnis für Aktionen zugeschrieben. Diese *„versucht vielleicht auch, Sachen, die nicht okay sind, zu legitimieren"* (B4: 83). Wenn Handlungen anderer Mitglieder zur Sprache kommen, zeigt sich bis auf wenige Ausnahmen eine starke **Solidarität:** *„Und deswegen ist das für mich schon sehr viel einfacher geworden, sol-*

*che Taten auch zu verteidigen, oder sich sogar mit solchen Leuten zu soli-
darisieren. (..) Ja."* (B1:49). Auch ein ausgeprägter Gruppenzusammen-
halt auf Demonstrationen oder ähnlichen Aktionen macht ein solida-
risches Denken sichtbar. Auffällig ist in diesem Zusammenhang die
Beschreibung des Begriffs „Solidarität" durch den Probanden B4: *„was
gibt es noch, (..) ja gut was ein recht emotionaler Begriff ist, ist diese Solidarität, der zum Teil auch recht inhaltsl..leer bleibt."* (20). Eine differen-
zierte Beschreibung dieses Standpunktes blieb jedoch aus.

Zwischen den Idealen und Werten innerhalb der Szene und dem
Handeln der Aktivisten ergeben sich **Widersprüche** (SK: Widersprüche zwischen Selbstbild und Handeln), auf die an dieser Stelle eingegangen wird. Bei diesen handelt es sich teils um selbst reflektierte Widersprüche und teils um solche, die aus den konträren Aussagen der
Probanden erkennbar wurden. Erstere beziehen sich auf das Leben in
einem kapitalistischen System, das jedoch gleichzeitig beseitigt werden
will, wie der Proband B1 beschreibt: *„Der Kapitalismus ist halt der
Punkt, an dem wir diesen Zwiespalt haben und wo wir halt drin leben
und irgendwie versuchen das alles auszutreiben und worauf wir halt den
Großteil zurückführen können so."* (B1:23). Zudem stellt es die Aktivisten vor eine Herausforderung, Widerstand innerhalb des gesetzlichen
Rahmens auszuüben, wenn sich von diesem gleichzeitig distanziert
wird. Auch eine **pazifistisches Selbstbild**, das durch eine aversive Haltung zu Gewaltanwendung und der Prämisse beschrieben wird, dass
Gewalt nie zuerst von den eigenen Aktivisten ausgeübt wird, steht im
Widerspruch zu Aussagen, die Gewalt als „Ausleben" von Wut beschreiben.

HK 8: Gegner der Szene

In der Analyse der Kategorie zeigt sich ein weitestgehend konstantes
Schema der Gegner. Dieses kann je nach Aktualität ergänzt werden, jedoch zeigt sich bei allen Probanden ein Fokussieren auf wiederkehren-
de Nennungen derselben Gegner, gegen die sich ein Großteil des Protests richtet und die die Szene selbst auch als Gegner wahrnehmen.
Diese spalten sich in zwei Gruppen auf und lassen sich in **„ideologische"** und **„institutionelle" Gegner** einteilen.

Erstere umfasst einen „Rechtsruck", der in die Gesellschaft und insbesondere die „bürgerlichen Mitte" vordringt. Auch einzelne Parteien, wie die Alternative für Deutschland (AfD), werden in diesem Kontext genannt. Weiter sind in dieser Kategorie Nationalsozialisten, rechte Ideologien allgemein, Rassisten, Faschisten, religiöse Fundamentalisten und Hooligans mit nationalsozialistischer Ideologie inbegriffen. Darüber hinaus werden der Kapitalismus und das Kapital im Allgemeinen sowie Produktionsmittel besitzende Personen dem gegnerischen Spektrum zugeordnet: *„Also so für, für meinen Teil ist es so der Staat nach wie vor, es ist nach wie vor die Polizei, es sind nach wie vor Nazis, es sind nach wie vor die Leute, die Produktionsmittel besitzen. Das sind meine politischen Gegner." (B3: 18).*

Die Polizei, die in dieser Schilderung angesprochen wurde, lässt sich dabei in die zweite Gegnerkategorie der institutionellen Gegner einordnen und zählt zu den am häufigsten genannten Gegnern dieser. Diese umfasst des Weiteren die Institutionen des Staates, der Banken und Konzerne. Dem Staat und der Exekutive im Sinne der Polizei kommt dabei die Rolle einer gewaltausübenden Übermacht zu, die die im Staat lebenden Individuen unterdrückt. Von der Institution des Staates wird sich daraus folgernd in allen Interviews durch **Distinktion** (SK: Distinktion Staat) abgegrenzt: *„dass ich nicht innerhalb eines gesetzlichen Rahmens handeln kann und handeln will, wenn ich von diesem gesetzlichen Rahmen nichts halte. Also oder von dem Konstrukt, das diesen gesetzlichen Rahmen aufrechterhält. (..)" (B1:49).* Der Proband B3 sieht in der Anwendung politisch motivierter Gewalt auch eine Reaktion auf das staatliche Gewaltmonopol: *„Also es ist ganz klar eine Reaktion darauf, dass der Staat (.) an sich Gewalt ausübt." (B3: 124).* Das Gewaltmonopol des Staates und die Ausführung dieses durch die Exekutive wird von keinem Probanden als konsensuell positiv wahrgenommen, vielmehr wird dies als aufgezwungene Herrschaft angesehen, gegen die sich durch einen Bruch des konsensuellen Gewaltmonopols gewehrt wird: *„Naja Gewalt ist, (.) eine Absage an das Gewaltmonopol vom Staat" (B4: 89).*

Gesondert steht bei allen Probanden die **Kritik an der Exekutive**. Dieser wird eine immanente Gewaltaffinität durch den Zweck ihres Daseins als ausführende Gewalt zugeschrieben: *„...dann die Polizei übt permanent Gewalt aus, das ist der Sinn ihres Daseins. Also die Poli...die*

Polizei repräsentiert und setzt das staatliche Gewaltmonopol durch, also wendet ein Polizist, sobald er seine Uniform anzieht, Gewalt an." (B3: 38). Polizisten wenden laut den Probanden in höheren Maße und Intensität Gewalt an, als sie müssten, zudem häufig aus einer überlegenen Situation durch eine Überzahl der Beamten heraus. Die Vorwürfe der Probanden richten sich vor allem gegen die Einschränkungen von Demonstration, Machtausübung und nicht zuletzt gegen die körperliche Gewaltanwendung durch die Beamten, wie durch Schläge oder den Einsatz von Pfefferspray: *„Das hat eigentlich damit angefangen, dass man auf Demos sieht, wie (.) die Polizei zum Teil hart einschreitet, zum Teil ja auf Unbeteiligte losgeht"* (B4: 48). *„...und (.) auf der einen Seite gab es immer massive Polizeigewalt, also die ***** Reiterstaffel ist da (.) mit Pferden in Menschengruppen reingerannt, hat wahnsinnig viel Pfefferspray und Knüppel immer eingesetzt. (B5.2: 58).*

Auch die erste Initiative der Gewaltanwendung wird vorwiegend der Exekutive zugeschrieben, wohingegen die Gewalt der linken Aktivisten mehrheitlich als Reaktion auf diese gesehen wird. Das Auftreten der Beamten in ihren Uniformen, die eine Erkennung einzelner Personen nicht ermöglicht, wird in Bezug zu verbotener Vermummung von Demonstranten kritisiert. Diese Kritik spiegelt sich auch in der Subkategorie **„Dichotome Kategorien: ‚gut' und ‚böse'"** wieder, in welcher die Beurteilung der Eigen- und Fremdgruppe festgehalten wurde. Eine deutliche Tendenz zeigt sich dabei in den Ressentiments gegenüber der Fremdgruppe, wie beispielsweise der Exekutive oder ideologischen Gegnern, auf welche häufig eine positive Selbstbeschreibung folgt. Den Gegnern werden dabei negative Eigenschaften zugesprochen, wie das Unvermögen der Reflexion des eigenen Handelns oder übertriebene Gewaltbereitschaft, die auch in der gegnerischen Ideologie verankert ist: *„Im Gegensatz dazu zum Beispiel ein Nazi (?) wird immer, entweder mit Worten oder mit Taten, Menschen angreifen. Und wir wollen das nicht."* (B3: 78).

Der Proband B3 zeigt dabei jedoch als Ausnahme auch ein Bewusstsein über die Vergabe der Kategorien nach einem dichotomen Schema: *„...also ich mein, wenn ich so einen gewaltbereiten Nazimob habe, (...) also wenn man Rostock, Lichtenhagen anschaut, oder Heidenau, oder was weiß ich, Tröglitz, diese ganzen, die ganzen Städte, das* *lässt sich auf uns genauso anwenden aber ich nehme lieber die als Beispiel"* (B3: 78).

Innerhalb (SK: Gegner innerhalb der Szene) der linksautonomen Szene lassen sich durch ein stark heterogenes Ideologienspektrum ebenfalls gegnerische Strukturen ausmachen. Prägnante Grenzziehungen zwischen verschiedenen Lagern werden vor allem zwischen linken Philosophen, Theoretikern und Staatspersonen, wie Karl Marx, Wladimir Iljitsch Lenin, Leo Trotzki, Josef Stalin und Mao Zedong erkennbar. Auch werden Kommunisten in der Szene zwischen autoritärer und libertärer Gesinnung unterschieden. Die Probanden B1 und B3 beschreiben in ihren Schilderungen eine tiefe Spaltung der Szene, die aufgrund ideologischer Differenzen durchaus zu einer physischen Auseinandersetzung führen kann: *„Das geht dann schon auch so weit, dass (..) dass sich die Leute da gegenseitig verprügeln. Es kommt nicht oft vor, es sind gerade (.) eben Stalinisten und Maoisten dazu bereit, aber es gibt dann halt auch einen relativ breiten Konsens in der radikalen Linken, dass man mit denen nichts macht."* (B3: 104). Gerade bei Aktionen, auf denen kleine Bezugsgruppen agieren, spiegelt sich die aufgespaltene Szene wieder. In „heiklen" Situationen, wie einer ausartenden Demonstration, ist ein kurzzeitiges Zusammenarbeiten der Gruppierungen möglich, jedoch geht diese nicht über Ausnahmesituationen hinaus: *„...aber es ist, die Konkurrenz ist untereinander schon auch da, also wenn ich jetzt in (...) keine Ahnung in eine stalinistische Gruppe reinkomme, ich würde früher oder später rausgeworfen werden, ist mir aber auch schon mal fast passiert"* (B3: 10). Für die Gegnerstruktur der linksautonomen Szene lässt sich nach den Schilderungen der Probanden kein bedeutsamer **Wandel** (SK: Wandel der Gegnerstruktur) feststellen, allerdings geben die Probanden B1 und B6 auf die Frage nach einem solchen zwei Gegner an, die verstärkt in ihren Fokus gerückt sind. Für den Probanden B6 kamen türkische Nationalisten (graue Wölfe), die zuvor nicht wahrgenommen wurden, zu bisherigen Gegnern hinzu: *„...zum Beispiel mit diesen türkischen Nationalisten, dass die (..) das war lange ein blinder Fleck glaube ich. Also das war, (.) also da hatte man so dieses..Angst jetzt (.) rassistisch zu agieren irgendwie, weil es eben Türken sind (?) und das war lange ein blinder Fleck"* (B6: 20). Für den Probanden B1 nahm die Kapitalismuskritik eine weitaus wichtigere Rolle in dessen gegnerischem Spektrum ein.

HK 9: Definition Widerstand

Ein relativ homogenes Bild zeigt sich unter den Befragten bei der Definition von „Widerstand". Dieser wird als Handeln beschrieben, welches sich innerhalb des gesetzlichen Rahmens bewegt oder nicht genuin gewalttätig sein muss: *„Ich denke bei politischem Widerstand ist, muss man nicht unbedingt gewalttätig sein."* *(B4: 34)*. Eine trennscharfe **Abgrenzung** (SK: Grenze Widerstand/Gewalt) zwischen den Begriffen „Widerstand" und „Gewalt" stellte sich als schwierig heraus, da die Grenze von den Probanden oftmals als fließend beschrieben wird. Das Definieren einer Abgrenzung zwischen den Begriffen ist dabei abhängig von dem subjektiven Gewaltverständnis. Gewalt wird tendenziell eher als körperlicher oder schädigender Akt begriffen. Ob eine Handlung dabei als Widerstand oder Gewalt eingeschätzt wird, beurteilen die Probanden ohne juristischen Bezug, stattdessen jedoch nach einer subjektiv-moralischen Einschätzung: *„Zum Beispiel jetzt, was ich vorher erzählt habe, Sitzblockade, (..) würde ich sagen, ist eine Art von Widerstand, aber meines Erachtens jetzt nicht Gewalt unbedingt. Weil, ich mein jetzt, man setzt sich hin und macht ja sonst nichts. Ich seh da jetzt keine Gewalt."* *(B6: 28)*.

HK 10: Definition politisch motivierter Gewalt (PMG)

Verstanden wird unter politisch motivierter Gewalt von den Befragten eine gewalttätige Handlung, die in dieser Kategorie durch die politische Zielsetzung des Akteurs ergänzt wird: *„Naja, es ist, Gewalt, die von Akteuren ausgeübt wird, (..) und die von sich selber halt sagen, dass sie es aus einem politischen (..) aus einer politischen Motivation heraus tun. Also sie, sie müssen das tun, um eben politisch..politische Ziele zu erreichen, oder ähnliches."* *(B6: 26)*. Die Handlungsmotivation steht demnach mit einer politischen Gesinnung in Verbindung. Untergliedert werden kann das unterschiedliche Verständnis von PMG in drei Subkategorien, die nachfolgend beschrieben werden.

Am häufigsten wird PMG von den Befragten als **Gegengewalt** verstanden, die aus Notwehr, einem Akt der Selbstverteidigung oder des Wehrens gegen politische Gegner geschieht. Dies markiert auch die Grenze zu herkömmlicher Gewaltkriminalität: *„...also politisch moti-*

vierte Gewalt heißt für mich eigentlich meisten..in den meisten Fällen Gegengewalt, oder sich einfach nur wehren.“ (B1:33) Durch die Anwendung PMG wird sich selbst ermächtigt, die eigenen Rechte und Selbstbestimmung einzufordern: *„...selbstermächtigende Gewalt, die quasi die Gegenreaktion darauf ist, dass du (.) versuchst (.) deine Selbstbestimmung zurückzuerlangen oder zu behalten.“ (B5.2: 22)*. Der Akt wird von dem Probanden B4 als Absage an das Gewaltmonopol des Staates empfunden, von dem Probanden B6 als Bruch des Konsenses dieses. Aus weiteren Schilderungen ergibt sich ebenfalls eine Definition, die mit dem Gewaltmonopol des Staates bricht. Die negativ konnotierten Auslöser der Gegengewalt, die in den Beschreibungen der Befragten zutage kommen, stellen **Gewalt als Reaktion** dar, die durch äußere Reize entsteht. Als Reize werden vor allem die unter der Kategorie „Definition Gewalt“ gefassten Merkmale begriffen, wie beispielsweise Freiheitsentzug, Machtausübung oder Unterdrückung. Als Reaktion auf eben diese Faktoren erfolgt eine Reaktanz durch Gegengewalt. Ausnahmslos alle Probanden nahmen PMG als Reaktion auf Staat und Gesellschaft wahr, welche sich aus der Fehlerhaftigkeit dieser ergibt: *„Also es ist ganz klar eine Reaktion darauf, dass der Staat (.) an sich Gewalt ausübt.“ (B3: 124)*. Drei der fünf Probanden betonen des Weiteren die **gesetzliche Nonkonformität** von PMG, wonach Handlungen, die unter diese Beschreibung fallen, juristisch belangbar wären. Dies zeichnet überdies eine Grenze zwischen Widerstand, der mehrheitlich als gesetzlich konform definiert wurde und PMG, die außerhalb eines juristischen Rahmens der Konformität stattfindet: *„Politisch motivierte Gewalt hat mehr was damit zu tun, dass man (..) mehr offensiv gegen (..) sagen wir gegen die gesetzlichen Grenzen vorgeht, also man macht jetzt vielleicht das, was nicht mehr im gesetzlichen Rahmen liegt.“ (B1:37)*.

HK 11: Definition Gewalt

Die unter politisch motivierter Gewalt verstandenen Konzepte gleichen jenen aus der Kategorie **„Definition Gewalt“** in Teilen. Eine Eingrenzung des Gewaltbegriffs findet über die Handlung entgegen dem Interesse einer Person statt. Das Handlungsspektrum kann dabei von **Unterdrückung und Zwang**, über **Freiheitsentzug** bis zu einer aktiven körperlichen Schädigung reichen. Unterdrückung oder Zwang werden

dabei beispielsweise von bestehenden Gesetzen oder Personen ausgeübt, die Herrschaft oder Macht anwenden. Ein Entzug der Freiheit
wird am Beispiel eines Demonstrationsverbotes oder einer Festnahme
durch Polizisten beschrieben. Die Schilderungen von Gewalt betreffen
sowohl psychische, physische und strukturelle Gewalt, wie auch die
Beschädigung von Eigentum. Gewalt kann sich demnach sowohl gegen
Personen, als auch gegen Dinge richten. In diesem Punkt wird von den
Probanden jedoch mehrheitlich zwischen der Gewalt gegen Sachen
und Personen unterschieden: *„Man, man kann noch unterscheiden, ob
die Gewalt sich gegen (.) lebendige Wesen oder gegen Gegenstände richtet.
Das ist auch nochmal ein riesen Unterschied. (I: Inwiefern?) (.) Ja, ob ich
jetzt, das ist ein Unterschied, ob ich jetzt irgendwie (.) ein Auto zerlege,
oder einen Menschen verprügle."* (B5.2: 24). Allen Beschreibungen ist
die Berufung auf einen handelnden Akteur gemein, welcher sowohl
personifikatorischer, als auch institutioneller Natur sein kann. Ge-
nannte Akteure, denen gewalttätiges Handeln zugeschrieben wird,
sind Polizisten, Faschisten, Rassisten, Sexisten, Personen mit rechtem
Gedankengut und Nationalsozialisten, was sich überwiegend mit dem
gegnerischen Spektrum der Szene deckt. Der Proband B6 bezeichnete
zudem Männer als *„immer grundsätzlich eigentlich gewalttätiger."* (B6:
36) (SK: Geschlechtsdifferenzierung), bildet damit allerdings die Ausnahme unter den Befragten.

HK 12: Sinn und Zweck der Gewaltanwendung

Der Einsatz von PMG ist für die Probanden immer mit einer Sinnhaf-
tigkeit ihrer Handlung verbunden. Diese kann auf sich selbst, jedoch
auch auf andere Personen oder die Öffentlichkeit bezogen sein. Ein
egoistischer[22] Zweck wird in dem Motiv der eigenen **Absicherung** (SK:
Gewalt als Absicherung) durch Gewalt erkennbar. Gewalt wird in dieser Kategorie als Notwehr angesehen, die angewandt wird, um das eigene körperliche Wohl zu verteidigen. Sinn einer gewalttätigen Handlung ist demnach der Selbstschutz vor physischer und psychischer exo-

---

22 Gleichbedeutend mit Eigeninteresse und individueller Verantwortung für „die
    zentralen gesellschaftlichen Normen, Ziele und Werte bei gleichzeitig geringer ge-
    sellschaftlicher Integration" in durkheim'schen Sinn (Fuchs-Heinritz et al. 2011:
    154). Der Begriff wird ohne Valenz verwendet.

gener Gewalteinwirkung. Ein weiterer selbstbezogener Zweck ist die Anwendung PMG als **Ventil**. Gefasst sind unter dieser Kategorie affektive Handlungsmotive, die zu einer Gewaltausübung führen. Am Beispiel der ausgearteten Proteste zum G20-Gipfel 2017 in Hamburg benennt der Proband B6 gruppenbezogene Emotionen, die zu einer Gewaltanwendung führten: *„und da hatten wir halt keinen Bock drauf, waren wütend und haben halt dann (...) ja (..) uns ausgelebt. Ausgetobt, sag ich mal. (...) andererseits ist es so wirklich auch (..) sich ein bisschen, ein bisschen die Wut rauslassen."* *(48–52)*. PMG fungiert somit als eine Abfuhr von exogenen aversiven Reizen[23] (vgl. Baecker 2014: 88f.), die durch Konfrontation mit ideologischen oder institutionellen Gegner auf das Individuum treffen und auf die in Folge dessen reagiert wird.

Den Sinn von Gewaltanwendung in Bezug auf andere Personen sieht der Proband B4 in dem altruistischen Motiv des **Einsatzes für Minderheiten**, denen durch PMG eine Stimme gegeben werden soll, jedoch mit diesem Motiv ein Einzelfall bleibt.

Weitere personenbezogene Motive beschreibt die Kategorie **„Aufmerksamkeit"**. Der Sinn in PMG besteht dabei in dem Präsentmachen von als subjektiv wichtig empfundenen Themen und das Einbeziehen dieser in den medialen Diskurs. Die im Fokus stehende Personengruppe ist die breite Öffentlichkeit. Die Darstellung eines Standpunktes und der Zwang zu einer Polarisierung der Öffentlichkeit soll mit Mitteln der PMG erreicht werden, wie durch den Probanden B5 am Beispiel eines Protests gegen Tierversuche erläutert wird: *„aber wenn Leute dort Scheiben einschmeißen oder einbrechen, die Tiere rausholen und die Akten verbrennen, oder was es alles für Aktionen gab, (.) das ist (.) das dient dann auch medialer Aufmerksamkeit.(I: Also da...) Und dadurch halt wieder (.) einer Polarisierung."* *(B5.2: 44)*. PMG wird folglich genutzt, um öffentlich *„...ein Zeichen zu setzen..."* *(B6: 52)*. Ein Motiv, das ebenfalls eine Resonanz betreffender Akteure nach sich zieht, ist die Ausübung PMG als **Mittel der Provokation**. Der Proband B1 bezieht sich in seinen Schilderungen dabei auf die verbale Provokation von Beamten der Exekutive (B1:61). Die Beschreibungen des Probanden B5 legen sich wiederum nicht auf eine Personengruppe fest, ma-

---

23 Das von Dirk Baecker aufgegriffene Konzept der Reizabfuhr nach Sigmund Freud beschreibt die Abfuhr der auf der Oberfläche des Organismus empfangenen Reize an dessen Motorik.

chen jedoch das Motiv einer angestrebten *„Einschüchterung"* *(B5.2: 52)* deutlich.

Der am breitesten unter den Befragten geteilte Zweck von PMG als **aktive Handlungsblockade des Gegners** spiegelt wiederholt den hohen Stellenwert von Aktionismus wieder, welcher in der Kategorie „HK 2: Bedeutung der Szene" bereits thematisiert wurde. Die Sabotage oder Behinderung gegnerischer Aktionen, die sich beispielsweise auf Demonstrationen oder polizeiliche Anordnungen beziehen können, wie auch das Zurückdrängen der Gegner aus dem öffentlichen Raum stehen dabei im Mittelpunkt des Interesses der Aktivisten: *„...dann gehe ich nicht auf die Demo, um rumzulaufen und Parolen zu grölen, sondern um auch wirklich die Nazidemo zu verhindern."* *(B1:57)*

Für die Erreichung beschriebener Ziele betrachten alle Probanden **Gewalt als einzigen Ausweg.** Eine vorhergehende Gewaltanwendung des Gegners und eine empfundene Hilflosigkeit machen nach den Schilderungen der Befragten eine Gewaltanwendung obligatorisch, wenn nicht auf die eigenen Rechte oder Unversehrtheit verzichtet werden will: *„dann sagen, okay ich lass nicht alles mit mir machen, ja. Und ich, ich (..) finde das und das scheiße und (..) ja da (..) seh ich auch keine andere Möglichkeit mehr, dass noch, da irgendwas zu ändern und deswegen wende ich Gewalt an."* *(B6: 52)* PMG wird daraus resultierend aus einem **Zwecknutzen** angewandt, der sie zu der subjektiv am sinnvollsten beurteilten Handlungsmöglichkeit macht. Der Nutzen von Gewalt steht dabei im Vordergrund und wird von den Aktivisten perpetuell auf seine Zielführung überprüft. Aussagen, inwieweit PMG als Selbstzweck dient, stehen bei den Probanden B5 und B6 im Widerspruch zueinander, da sie diesbezüglich konträre Positionen einnehmen.

HK 13: Selbst angewandte Gewalt

Die Aussagen der Befragten zu PMG, die durch die eigene Person oder andere Mitglieder der linksautonomen Szene angewandt wurde, weisen einen vergleichsweise geringen Informationsgehalt auf. Die Probanden B3 und B4 hielten sich mit Schilderungen einzelner Taten gänzlich zurück und verweigerten die Antwort aufgrund möglicher juristischer Konsequenzen (*B3: 58: „Die Initative (..) ergriffen, ja das wären dann auch wieder so Sachen, für die man mich theoretisch strafrecht-*

lich belangen könnte. (..) Und dazu will ich dann auch nichts sagen."). Aus den Aussagen der beiden Probanden wird jedoch deutlich, dass PMG bisher angewandt wurde: *„Ich selber wende wie gesagt Gewalt an, wenn ich Herrschaft über Personen oder Dinge ausübe, also im Zweifelsfall halt Zerstörung.*" *(B3: 38).* Zu den Gewalttaten, die durch weitere Probanden beschrieben wurden, zählen physische und psychische Auseinandersetzungen mit politischen Gegnern oder der Polizei, die in diesem Abschnitt genauer beschrieben werden. Auf die genaue Zuordnung der Delikte zu den Probanden wird aus Gründen der Anonymität und einer nicht gewollten Zurückführung der Delikte auf die einzelnen Befragten jedoch verzichtet.

Unter die durch die Befragten genannten physischen Gewaltdelikte[24] fallen Handgreiflichkeiten mit ideologischen Gegnern oder deren gezielte (Körper-)Verletzung (§ 233 StGB) und Widerstand gegen die Staatsgewalt (§ 113 StGB) durch Widersetzungen bei Festnahmen, dem Verteidigen der Festgenommenen sowie dem Durchbrechen von Polizeiketten. Des Weiteren fallen unter die physische Gewaltausübung Delikte wie Sachbeschädigung (§ 303 StGB), Diebstahl von Informationsmaterial (§ 242 StGB) und Brandstiftung (§ 306 StGB) auf Demonstrationen. Psychische Gewalt wurde durch Einschüchterung und Provokation auf ideologische und institutionelle Gegner ausgeübt. Unter diese Kategorie fällt beispielsweise das Delikt der Beleidigung (§ 185 StGB). Eine **Betonung gesetzlicher Konformität**, die sich bei der Explikation des eigenen Verhaltens aller Probanden oder dem anderer Mitglieder erkennen lässt, zeigt ein deutliches Rechtsbewusstsein der Befragten im Sinne der Kenntnis juristischer Normen. So wurden

---

24 Vergleichend sind hier die prozentualen Anteile der geschilderten Delikte linker Gewalt in Berlin gelistet: Brandstiftungen sind mit rund einem Drittel der Fälle (32 %) die häufigste Deliktart, welche sich aus der Folge der hohen Fallzahlen seit 2007 ergeben. Einfache Brandstiftung (§ 306 Strafgesetzbuch, StGB) macht dabei 29 %, schwere Brandstiftung (§ 306 a) 3 % der Fälle aus. Auf einfache und gefährliche Körperverletzung entfällt ein Anteil von 30 %. Weitere 13 % entfallen auf einfache Körperverletzung (§ 223), 17 % auf die gefährliche Körperverletzung (§ 224). 28 % der Delikte linker Gewalt in Berlin werden durch einfachen und besonders schweren Landfriedensbruch (§ 125/ 125 a) verübt. Widerstand gegen Vollstreckungsbeamte (§ 113) bildet darüber hinaus eine weitere Kategorie mit 7 % der Fälle. Die restlichen Delikte (3 %) verteilen sich überwiegend auf Raub und gefährliche Eingriffe in den Straßenverkehr. (vgl. Senatsverwaltung für Inneres und Sport 2009: 16)

vor allem nicht verübte Delikte in den Beschreibungen betont: *„Ja aber sonst, also ich habe bisher nicht, also keine Steine geworfen, geschmissen oder so, ja."* *(B1: 61)*. Auch die Ablehnung letaler und die Betonung nicht vorsätzlich intendierter Gewalt fielen in diesem Zusammenhang auf.

HK 14: Erfahrungen mit Gewalt

Wahrgenommen wurde erfahrene Gewalt bei allen Probanden vornehmlich von der Polizei oder ideologischen Gegnern des rechten politischen Spektrums. Die bereits thematisierte Polizeigewalt spielt dabei eine große Rolle. Tritte, Schläge und das Einatmen von Tränengas gehören zu den mehrheitlich geschilderten Erfahrungen der eigenen Person oder Mitgliedern der Gruppierung. Gewalt durch ideologische Gegner wird ebenfalls durch physische Konfrontationen beschrieben, jedoch um die Komponente der psychischen Gewalt durch Drohungen über soziale Netzwerke erweitert: *„...also wenn man aktiv ist, kommt es früher oder später, also man wird bei direkter Konfrontation mit den Menschen bedroht, man (..) kriegt (..) Drohnachrichten via Intenet, hauptsächlich via Facebook (?) (...) und es passiert (.) auch, dass man angegriffen wird."* *(B3: 64)*. Der Proband B3 elaboriert zudem, wie er *„von einer rechten Dorfjugend"* *(B3: 110)* gejagt wurde sowie einen Angriff mit Glasflaschen durch einen faschistischen Gegner.

Im Unterschied zu vorheriger Kategorie der selbst angewandten Gewalt geben die Schilderungen zu erfahrener Gewalt ein sehr detailliertes Bild der einzelnen Taten und Akteure ab. Der Gewaltbegriff der Befragten zeigt sich, wenn dieser auf Gegner angewandt wird, sehr weit gefasst, da beispielsweise das Untersagen oder Beenden einer Demonstration, wie auch die Festnahme durch Beamte auch als Gewaltakte geschildert werden.

HK 15: Reflexion PMG

Die subjektive Bereitschaft zur Gewaltanwendung wird in der Subkategorie **„Hemmschwelle"** festgehalten. Diese wird von den Probanden sehr divergent beschrieben. Während die Probanden B5 und B6 eine sehr hohe Hemmschwelle zur Gewaltanwendung angeben, ist diese bei dem Probanden B1 niedrig gesetzt. Die Probanden B3 und B4 machen die Hemmschwelle von der Art der Aktivität und Situation abhängig. PMG, die durch die eigene Person oder andere Mitglieder der Szene angewandt wurde, wird von allen Probanden als Gewaltakt wahrgenommen, jedoch wird die Beschreibung als solcher mit dem Sinn und Zweck der Anwendung verbunden: *„Es ist natürlich eine Form von Gewalt. Also das ist es ganz klar. Ich (..) es ist halt unter Umständen nicht eine Initiative, also das man als In...also es, also das ist es oft nicht. Also ich war schon auf so vielen Demos und ich habe das schon so oft erlebt, es ist eine Reaktion.“ (B3: 40).*

Narrative, die die angewandte Gewalt reflektieren, beinhalten verschiedene Formen der **Legitimation und Neutralisierung,** die in diesem Abschnitt genauer erläutert werden.

Die Gewaltanwendung der Gegner und die daraus resultierende Notwendigkeit der Selbstverteidigung und Notwehr im Sinne eines *defensive deviant act* (vgl. Fuchs-Heinritz 2011: 16)[25], ist dabei ein Legitimationsansatz, dem sich alle Probanden bedienen: *„(.) ich sehe mich durchaus auch in der Notwenigkeit, wenn mich Polizeibeamte in meinen Grundrechten einschränken, mich zu wehren. Ich seh da auch ganz klar die Legitimation, selbst von (..), selbst von Gesetzeswegen her, weil ich kann.. einen Grundrechts...entzug nicht rückgängig machen“ (B3: 70).*

Die angewandte Gewalt wird als Reaktion auf Freiheitseinschränkungen oder als Gegengewalt wahrgenommen und erscheint somit als legitime Handlungsoption. Ebenso der Einsatz für „Genossen“ oder Personen, deren Rechte eingeschränkt werden, lassen die Probanden ihr Handeln als gerechtfertigt beurteilen. Ein weiterer auffälliger Legitimationsnarrativ lässt sich in der Kritik der Umstände erkennen, die die Aktivisten zu einer Gewaltanwendung zwingen: *„...also wenn wir jetzt ein uneingeschränktes Demonstrations- und Streikrecht hätten, ohne Polizei in der Nähe, aber immer noch mit dem Staat, dann müssten wir nicht zu Gewalt greifen, dann würden wir das auch nicht tun.“ (B3: 78). „...wir wären politisch glaube ich nicht aktiv, wenn dieser Staat nicht existieren sollte und wenn die Gesellschaft nicht so wäre, wie sie ist“ (B1:93).*

---

25 Eine kriminelle Handlung wird nach John Lofland dadurch wahrscheinlicher, dass sich der Täter in seiner subjektiven Integrität oder Selbstachtung bedroht fühlt.

Mit PMG werden Ziele verfolgt, die den Befragten in ihrer Erreichung als bedeutsam erscheinen. Die Wahl der Mittel hierzu ist in Folge dessen nicht unbedingt von Bedeutung, da das Handeln der Probanden lediglich auf **Zielführung als Voraussetzung** überprüft wird,
nicht jedoch auf juristische Konformität: *„Also wenn es darum geht,*
Nazis aus dem Zug oder einem Bus oder einer S-B..keine Ahnung was
rauszuschmeißen, weil die gerade eine Bedrohung für Leute darstellen,
absolut legitim" *(B3: 74)*. Ihr Handeln beschreiben die Probanden als
überlegt und zielorientiert, Gewalt basiert dabei auf Überlegungen und
wird nicht ohne Notwendigkeit angewandt. PMG wird, wie der Proband B3 beschreibt, durchaus geplant und in Notsituationen, wie der
Entstehung eines faschistischen Regimes, von sich selbst erwartet,
„dass ich da dann zur Waffe greife, aber dass ich dann halt nach wie vor
meinen Gewaltansatz reflektiere und darauf achte, dass das nach wie vor
zielführend ist." *(B3: 68)*. Die Verhältnismäßigkeit der Mittel und eine
Reflexion des eigenen Handelns bezüglich der erwarteten Zielführung
sind in dieser Kategorie von Bedeutung. So kritisieren die Probanden
B3 und B6 beispielsweise Aktionen anderer Aktivisten, da sie diese
nicht als zielführend erachten.

PMG wird des Weiteren durch Narrative der **Relativierung** legitimiert. Gewalt, die durch ideologische oder institutionelle Gegner ausgeübt wird, rechtfertigt beispielsweise die Negation gegnerischer Opfer
PMG durch Aktionen der eigenen Gruppierung. Ein weiteres Beispiel
ist die körperliche Schädigung rechter Aktivisten, welche mit deren
unrechtmäßigen oder gewalttätigen Handlungen legitimiert wird. Das
eigene Verhalten und die angewandte Gewalt wird zudem als *„...nicht*
so (langgezogen) dramatisch..." *(B6: 54)* und *„...auch nicht so krass..."*
(B6: 48) betrachtet. Neben PMG werden auch negativ wahrgenommene Eigenschaften der Gruppierung, wie beispielsweise geschlechtsspezifische Unterschiede oder das Profilieren einzelner Aktivisten, durch
ein Relativieren neutralisiert. Ebenso wird mit Delikten wie Sachbeschädigung verfahren, da diese im Vergleich zu Angriffen auf Personen, welche eher dem rechten politischen Spektrum zugeordnet werden, als weitaus weniger destruktiv gewertet werden: *„...so da, da bren-*
nen Autos, da werden Scheiben eingeschmissen, das zahlen alles Versi-
cherungen. Wenn ich einen Menschen töte oder schwer verletze, den
kann ich nicht wieder ersetzen." *(B3: 122)*.

Der Prozess einer **Veränderung der Sichtweise auf PMG** ist eine Subkategorie, die Aufschluss über Faktoren, die einen Einfluss auf die Internalisierung radikaler Meinungsbilder haben könnten, geben und erörtern soll, inwieweit sich das Bild der Befragten zu PMG gewandelt hat. Alle Probanden gaben dabei an, ihre Einstellung bezüglich PMG habe sich im Laufe ihrer Aktivität gewandelt: *„Es ist sehr viel (...), es ist für mich persönlich sehr viel legitimierter geworden, also politisch motivierte Gewalt habe ich gelernt, zu legitimieren."* (B1:49)[26] Maßgeblich geprägt wurde das jetzige Bild der Probanden von PMG durch subjektive Erfahrungen mit Gewalt, Diskriminierung sowie wahrgenommene Einschränkungen ihrer (Freiheits-)Rechte. Inwiefern die Dauer der aktiven Mitwirkung der Probanden Einfluss auf ihr Gewaltverständnis hat, lässt sich in diesem Zusammenhang nicht analysieren. Die Erkenntnis, dass sich das Bild von PMG aller Probanden durch Erfahrungen während ihrer Aktivität zu einer legitimierenden und neutralisierenden Einstellung gewandelt hat, exemplifiziert jedoch die Bedeutsamkeit, die wahrgenommenen Ungerechtigkeiten und erfahrener Gewalt in einem Prozess der Radikalisierung zukommen kann.

HK 16: Evaluation von Gewalt innerhalb der Szene

Die Heterogenität der linksautonomen Szene, ihre unterschiedlichen Einstellungen und Werte spiegeln sich auch in der Beurteilung von PMG wieder. **Verschiedene Strömungen** mit jeweils eigenen Positionierungen zu PMG finden sich nicht nur innerhalb der Szene, sondern auch auf mikro-sozialer Ebene in einzelnen Gruppierungen und Bezugsgruppen. Das Spektrum der Evaluation reicht von einer kontinuierlichen Gewaltaffinität, bis zu gänzlicher Ablehnung jeglicher physischer Konfrontation. Ein Degout vor PMG muss indes kein Intervenieren bei konträren Gesinnungen anderer Mitglieder bedeuten.

Die Probanden B6 und B4 beschreiben die Beurteilung dabei als individuelle Entscheidung, die unabhängig von der Gruppierung getroffen werden kann, ohne dass gewaltbereite Mitglieder mit der Inter-

---

26 Für weiterführende Überlegungen zu dem Prozess des „Erlernens von Gewalt" vgl. die Theorie der differentiellen Verstärkung nach Burgess & Akers 1966. Sozial abweichendes Verhalten wird hier durch operantes Konditionieren mit oder ohne Interaktion mit anderen Individuen erlernt.

vention gewaltablehnender Mitglieder zu rechnen haben: *„...aber es wird jetzt nicht der andere dafür kritisiert, oder die andere, wenn es, wenn er oder sie jetzt sagt, ja doch, ich geh da jetzt mit, ich will da jetzt irgendwie (..) Gewalt anwenden, dann wird da jetzt nicht interveniert so und gesagt nee, bleib mal ruhig, so.*" *(B6: 74)* Eine soziale Kontrolle innerhalb der Gruppe bezüglich der Beurteilung von Gewalt findet demnach nicht statt, was sich wiederum in der unabhängigen Agitationsweise der Bezugsgruppen manifestiert. Die eigene Gruppierung wurde von allen Probanden mit der Ausnahme des Probanden B1 mit einer **Tendenz zur Gewaltbereitschaft** eingestuft.

HK 17: Exogene Askriptionen

Die Probanden nehmen Zuschreibungen durch Personen oder den medialen Diskurs außerhalb der linksautonomen Szene mehrheitlich negativ wahr. Die rezeptive **Ablehnung von Aktivitäten** durch die Öffentlichkeit zeigt sich dabei vor allem bei Aktionen, die außerhalb des gesetzlichen Rahmens stattfinden. Personen, die sich außerhalb der linksautonomen Szene bewegen, wird ein Verständnis für Aktionen und PMG abgesprochen: *„wenn man konservativ ist, oder latent rechts ist, oder national eingestellt ist, hat man generell kein Verständnis dafür, was gemacht wird"* *(B4: 83)*. **Zuspruch bei Aktivitäten** wird dagegen von Aktivisten oder politisch links orientierte Personen, bei Aktionen gegen nationalistische Organisationen oder Parteien darüber hinaus auch von der breiten Öffentlichkeit erfahren. Der Zuspruch wird in Abhängigkeit zu der Art von Aktionen und den (politischen) Einstellungen der beurteilenden Personen perzipiert. Exogene Askriptionen werden von den Probanden mit der **medialen Berichterstattung** über Aktionen gleichgesetzt, da diese lediglich Ereignisse und Aktionen berichtet, nicht aber die Motive, die den Handlungen zugrunde liegen (B6: 82). Diese ist dabei der **Kritik** (SK: Kritik an medialer Darstellung) bezüglich des Wahrheitsgehaltes der Nachrichten und einseitiger Berichterstattung ausgesetzt. Ereignisse würden falsch oder *„überspitzt"* *(B6: 82)* dargestellt sowie fehlerhafte Darstellungen im Nachhinein trotz neuer Evidenzen nicht mehr revidiert (B4: 83).

„**Labels**", die die Probanden als exogene Askriptionen wahrnehmen, sind ausschließlich negativ konnotiert. Beispielhaft können hier die Attribute „*drogensüchtig (...) arbeitslos, wohnungslos*" *(B3: 118)*, das Bild eines „*autonomen Steinewerfer[s]*" *(B3: 112)* und die Beschreibungen „*(...) alles Terroristen!*" *(B5.2: 78)* sowie „*die bösen Linken (.) Krawallmacher*" *(B6: 84)* aufgeführt werden. Die Befragten sehen sich überdies von ihren Gegnern selbst als Gegner wahrgenommen. Der Proband B3 nimmt die Askription „extremistisch" durch den Verfassungsschutz wahr, welche gesellschaftlich abgelehnt wird: „...*alles was links und rechts davon ist, ist Extremismus und das ist scheiße*" *(B3: 126)*. In diesem Kontext wird daher die Selbstbeschreibung „radikal" bevorzugt.

Auswirkungen und Reaktionen auf Zuschreibungen lassen sich in vier Subkategorien gliedern, die in den einzelnen Gruppierungen durchaus aufgrund unterschiedlicher Zielsetzung unterscheiden. Die Wahrnehmung, es würde ausschließlich negativ über die Szene und ihre Aktionen berichtet und eine daraus resultierende Frustration hat eine **Resignation** zur Folge. Die Umwelt wird in dieser Kategorie als „unveränderbar" betrachtet und somit die eigenen Handlungsmöglichkeiten eingeschränkt, da argumentative Ansätze und Überzeugungskraft nicht mehr als wirksames Handeln wahrgenommen werden. Das Umfeld außerhalb der Szene und seine Sichtweisen spielen bei resignierten Personen in der Szene keine Rolle mehr und haben keinen Einfluss auf das Verhalten der Aktivisten, es wird jedoch vereinzelt mit Humor darauf reagiert. Soziale Kontrolle ist folglich nicht mehr durch Personen außerhalb der Szene möglich. Konträr zu der Subkategorie „Resignation" wird sich in der Subkategorie **„Positive Selbstdarstellung"** um eine positive Wahrnehmung der Öffentlichkeit bemüht und besonders nach Aktionen, auf die mit negativen Zuschreibungen reagiert (*B1:87: „...die Hooligans von G20 oder ja, der schwarze Block von G20*") wurde, auf das Öffentlichkeitsbild der Gruppierung durch gemäßigteres Auftreten („*offener und freundlicher, friedlicher*" *B4: 87*) geachtet. Der Proband B1 reagiert auf Zuschreibungen mit **Motivation**, da das Ansprechen von Personen auf Aktionen als Fortschritt gewertet wird. Auf negative Zuschreibungen wird von dem Probanden B1 zudem mit einer **Kritik an Externen** reagiert, die sich an Aktionen wie Demonstrationen beteiligen: „*und auch viele Krawalltouristen da waren, die halt überhaupt nichts mit politisch, also die (..) de-*

ren Gewalttaten letzten Endes einfach nicht politisch motiviert waren, sondern die halt einfach Bock darauf hatten" (B1:87)

HK 18: Veränderungen innerhalb der Szene

Veränderungen, die die Themen, Häufigkeit der Treffen oder die Akteure betreffen, können weitestgehend nicht ausgemacht werden. Es zeigt sich innerhalb der Szene eine **konstante Struktur**, die sich in den stetig wiederholten Themen Antikapitalismus, Rassismus und rechte Ideologien, wie auch in gleichbleibenden Werten und Einstellungen manifestiert. Die Themen innerhalb der Gruppierungen zeichnen sich demgegenüber durch einen ständigen Wechsel aus und passen sich dem aktuellen Geschehen durch **Umschwenken auf präsente Themen** an. Beispiele nennt der Proband B5 hier in Bezug auf die sogenannte Flüchtlingskrise, auf die viele Gruppierungen mit verstärkter antifaschistischer Arbeit reagierten. Die Gegner der Szene können, bis auf ein verstärktes Fokussieren des Probanden B1 auf Kapitalismuskritik und das Einbeziehen von Nationalisten auf internationaler Ebene durch den Probanden B6[27], als Konstante betrachtet werden.

Trotz einer weitestgehend konstanten Struktur lassen sich einzelne Veränderungen ausmachen. Der Proband B3 beschreibt beispielsweise eine **Zunahme der Militanz,** die er innerhalb seiner Gruppierung wahrnimmt: *„...ich glaube (..), wir sind insgesamt militanter geworden, wir sind (..) eher bereit dazu, (..) Dinge zu tun, für die wir strafrechtl..also für die wir theoretisch strafrechtlich (..) belangt werden können (?) (..). Wir sind eher bereit, auch Risiken einzugehen (..) und und (..) uns mit den Institutionen auch anzulegen."* (B3: 14). In diesem Zusammenhang ist der Verweis von vier Probanden auf gestiegene **Sicherheitsbedenken und Misstrauen** gegenüber Personen außerhalb der Szene von Bedeutung. Auf verstärkte Informationssicherheit bezüglich Kommunikationsmedien wird dabei von den Probanden B6 und B4 verwiesen; die Probanden B1 und B3 nehmen eine gestiegene Vorsicht gegenüber Personen außerhalb der Szene wahr, da darauf geachtet werden muss, dass *„...dass uns niemand irgendwie, also dass kein Falscher sozusagen reinkommt, irgendwie ein Nazi oder so."* (B1:29). **Internationale Ein-**

---

27 Siehe Subkategorie „Wandel der Gegnerstruktur"

flüsse wie durch militante griechische Nihilisten[28] oder Aktivisten aus Spanien und Italien nimmt der Proband B5 als Veränderung wahr, aus der für die Aktivisten in Deutschland „*eine Perspektive*" *(B5.2: 6)* entstehen kann.

HK 19: Abläufe von Aktionen

In den Beschreibungen der Befragten lassen sich in dieser Kategorie einige Konstanten erkennen, die die **Vorbereitung auf Aktionen** betreffen. Vorab wird auf Konferenzen ein Aktionskonsens verabschiedet, in welchem die Zielführung und das angestrebte Handeln der Aktivisten während einer Aktion festgehalten werden. Dieser ist von der Art der Aktion und den Möglichkeiten der Gruppierungen vor Ort abhängig und ist somit durch eine situations- und aktionsgebundene **Heterogenität der Planung** (SK: Heterogenität in Planung und Aktionen) gekennzeichnet. Informationen zu geplanten Aktionen werden meist persönlich bei einem (Delegierten-)Plenum durch Vertreter der Bezugsgruppen oder durch die Verwendung von Kommunikationsmedien verbreitet. Zudem formieren sich im Vorfeld Bezugsgruppen, die einen Rufnamen erhalten. Für unvorhergesehene oder kritische Situationen wird vereinzelt eine weisungsbefugte Person bestimmt. Der Proband B3 erwähnt zudem die Absprache bezüglich benötigtem Vermummungsmaterial: „*Und (.) je nachdem, ob man das auf einer Demo macht, oder nicht, hat man dann noch Vermummungsmaterial dabei, oder nicht, das kann auch auf Demos oder so mal vorkommen, dass man sowas dabei hat.*" *(B3: 88)*. Der Grad der **Spontanität** des Handelns auf Aktionen wird von den Befragten in Abhängigkeit zu der Größe geplanter Aktionen sowie den Erwartungen an diese beurteilt. Bei kleineren Aktionen ist der Ablauf dabei „*meistens sehr spontan*" *(B6: 78)*. Für größere Aktionen werden Routen und Ablauf geplant. Bei allen geplanten Situationen werden jedoch immer unvorhergesehene Ereignisse eingeplant, auf die spontan reagiert werden muss.

Erwartungen, die mit Konfrontationen zwischen Gegnern und linksautonomen Demonstranten einhergehen, werden von dem Pro-

---

28 Unter diesem Terminus sind antifaschistische Bündnisse wie die „Conspiracy of the Cells of Fire (SPF)" in Griechenland zu verstehen.

banden B6 in **ritueller Form** (SK: Gewalt als Ritus) dargestellt. So wird die Gewaltanwendung sowohl von den „eigenen" Leuten, als auch von dem Gegner erwartet: *„Also, da wurden dann halt erstmal zehn Bengalos außen rum gezündet, dann ist halt die erste Reihe vorgerannt und hat halt mit Knüppeln auf die Polizei eingeschlagen. Also, obwohl es jetzt nicht so wirklich (.) Grund dazu gab irgendwie, aber es war halt (.) das ist da halt so ein bisschen die Demonstrationskultur, also das haben die Cops nicht anders erwartet und das haben die Demonstranten auch nicht anders erwartet. (..) Und, ja dann war das immer so ein Katz und Maus Spiel, also irgendwie hat der Block sich dann zurückgezogen, hat halt dann mit Steinen geworfen, die Polizei hat dann mit Tränengas geschossen, (lacht) und dann hat sich der Block halt wieder weiter zurückgezogen. Und so ging das halt immer hin und her (...)"* (B6: 60). Der Proband begreift die erwarteten Handlungen, die den Rollen jeweils zugeschrieben werden als Demonstrationskultur. Die Akteure und Parteien des „Gewaltspiels" werden dabei als gleichberechtigte Mitspieler auf Augenhöhe betrachtet, die zur gegenseitigen Provokation Waffen einsetzen.

Aktionen werden, neben den unter HK 12: Sinn und Zweck der Gewaltanwendung bereits elaborierten Motiven auch zur **Akquirierung neuer Mitglieder** genutzt. Durch Flyer oder direktes Ansprechen wird versucht, die eigene Ideologie weiterzugeben und potenzielle Interessenten anzuwerben.

7.3 Fallbezogene thematische Zusammenfassungen

Zu einer umfassenden Übersicht werden unter diesem Punkt alle Interviews einer fallzentrierten Analyse („between-case-Analysis") unterzogen, um ein Bild der einzelnen Probanden wiederzugeben. Dies hat den Vorteil, dass die Zusammenfassung auf den Originalaussagen der Probanden beruht, demnach folglich „in den empirischen Daten begründet" (Kuckartz 2016: 117) sind. Zudem bietet diese Form der Analyse eine systematische und nicht episodische Vorgehensweise, da alle Aussagen „in gleicher Weise behandelt" (ebd.) werden. Die Bildung der thematischen Summarys hat eine Präsentation in tabellarischer Form als Fallübersichten zum Ziel, in welcher die Interviews anhand ausgewählter Kategorien, die sich für die Forschungsfragen als bedeutsam erweisen, miteinander verglichen werden können. Das Vorgehen der Erstellung von Summarys wird hier durch eine Darstellung aller Aussagen des Probanden B1 zu der Hauptkategorie[29] „Definition politisch motivierte Gewalt" und entsprechenden Subkategorien visualisiert:

Tabelle 3 Aussagen B1 zur Hauptkategorie "Definition politisch motivierte Gewalt"

Absatz	Textstelle
33	Ja ich find politisch motivierte Gewalt (..) ist (..) ein Grenzbegriff, weil Gewalt ist immer da, um andere zu unterdrücken, oder (..) ja und (.) oder jemandem was aufzuzwingen, für mich ist politisch motivierte Gewalt eigentlich nie Gewalt an sich, sondern ein Stück weit Gegengewalt, (..)
33	also politisch motivierte Gewalt heißt für mich eigentlich meisten.. in den meisten Fällen Gegengewalt, oder sich einfach nur wehren. (..) Aus linker Sicht zumindest
37	Politisch motivierte Gewalt hat mehr was damit zu tun, dass man (..) mehr offensiv gegen (..) sagen wir gegen die gesetzlichen Grenzen vorgeht, also man macht jetzt vielleicht das, was nicht mehr im gesetzlichen Rahmen liegt
37	politisch motivierte Gewalt, das ist für mich in dem Moment, in dem man einen Polizisten schlägt, oder irgendwie (..) Staatsbehörden schlägt, oder mit Pfefferspray attackiert, wenn die gerade dabei sind, irgendwie Flüchtlinge abzuschieben so
33	und ich glaub so auch, auch da ist es wieder teilweise zur Selbstverteidigungszwecken oder als Gegenwehr, weil halt Polizisten schon häufiger mal zum Schlagstock greifen, als sie greifen müssten.
31	oder du kannst dich auch mal wehren und für deine eigenen Rechte einstehen (..)
93	Es ist es immer. (I: Immer) Also aus linker Sicht immer, weil man sich damit auseinandersetzt
33	zumindest entspricht das nicht dem gesetzlichen (.) es ist nicht im gesetzlichen Rahmen so
37	Politisch motivierte Gewalt hat mehr was damit zu tun, dass man (..) mehr offensiv gegen (..) sagen wir gegen die gesetzlichen Grenzen vorgeht, also man macht jetzt vielleicht das, was nicht mehr im gesetzlichen Rahmen liegt
57	sondern um auch wirklich die Nazidemo zu verhindern (?) und dann mache ich das mit Mitteln, die mir möglich sind und nicht mit denen, die mir vom Gesetz zugelassen sind.
57	Also Sitzblockaden finde ich, auch wenn sie rechtlich nicht in Ordnung sind, finde ich es legitim

29 Inbegriffen sind hier zudem alle Aussagen der untergeordneten Subkategorien „Gründe für Interesse an der Thematik", „Antinationalismus" und „Erfahrungen mit Diskriminierung" der Hauptkategorie, zu welchen der Proband Aussagen machte.

Nachfolgend werden die paraphrasierten Aussagen der Probanden bezüglich der Kategorien „Definition Gewalt", „Definition politisch motivierte Gewalt", „Definition Widerstand"[30], „Sinn und Zweck der Gewaltanwendung", „Reflexion angewandter Gewalt", „Gruppendynamische Faktoren", die durch „Hierarchien" und „Vorbilder" ergänzt werden und „Evaluation von PMG innerhalb der Szene" tabellarisch dargestellt. Dies ermöglicht einen direkten Vergleich der Aussagen und bietet eine differenziertere Betrachtung der Kategorien, welche als sinnvolle Bezugspunkte der Forschungsfragen erachtet wurden.

---

30 Die Kategorien der Definitionen werden in einer Zelle dargestellt, um einen besseren definitorischen Überblick der einzelnen Probanden zu ermöglichen.

Tabelle 4 Fallbezogene thematische Zusammenfassungen

	Definitionen von Widerstand, PMG und Gewalt	Sinn und Zweck der Gewaltanwendung	Reflexion PMG	Gruppendynamische Faktoren, Hierarchien, Vorbilder	Evaluation von PMG innerhalb der Szene
B1	**Widerstand** ist eine gesetzlich legitime Maßnahme. **PMG** wird ausschließlich als Gegengewalt oder Verteidigung begriffen, die offensiv gegen den gesetzlichen Rahmen vorgeht. **Gewalt** ist physische, psychische, strukturelle und kulturelle Unterdrückung oder Zwang, der auf unschuldige Personen ausgeübt wird. Gewalttätige Personen sind Rassisten, Sexisten und Personen mit rechtem Gedankengut. Der Übergang zwischen Widerstand und Gewalt ist fließend.	Gewalt entsteht aus Wut, Frustration und Verzweiflung und hat das Aufhalten gegnerischer Aktionen, Aufmerksamkeitsgewinnung der Medien sowie Provokation zum Ziel. Durch physische Gewalt wird sich verteidigt. Gewalt wird als letzter Ausweg gesehen, um sich als Individuum zu befreien.	Die Reflexion orientiert sich stark an der Zielführung des Handelns und wird nicht per se schlecht evaluiert. Es wird die Notwendigkeit gesehen, sich und seiner Gruppe zu verteidigen. Selbstverteidigungszwecke und die Ergreifung der Initiative der Gegner machen eine Gewaltanwendung legitim. Eine legitimierende Perspektive auf PMG bildete sich aufgrund von erfahrener Gewalt und Ausschreitungen auf Demonstrationen. Aktionen anderer Aktivisten werden als Gewalt wahrgenommen; es wird sich mit diesen solidarisiert.	Die Gruppe hat einen großen Einfluss auf ihre Mitglieder. Es wird verbal durch einen generischen Plural eine Eigengruppe konstruiert und die konsensuelle Entscheidungsfindung bezüglich des Aktionskonsens in den Bezugsgruppen betont. Hierarchien und Vorbilder werden als antiegalitäre Strukturen empfunden, die es zu vermeiden gilt.	Ein heterogenes Meinungsspektrum innerhalb der Szene lässt keine klare Tendenz zu, es gibt jedoch Aktivisten, die PMG verteidigen. Andere sehen sich als Pazifisten an.

	Definitionen von Widerstand, PMG und Gewalt	Sinn und Zweck der Gewaltanwendung	Reflexion PMG	Gruppendynamische Faktoren, Hierarchien, Vorbilder	Evaluation von PMG innerhalb der Szene
B3	**Widerstand** bewegt sich in einem Spektrum von passiven, friedlichen Handlungen, bis solchen, die gesellschaftlich als Gewalt definiert werden. **PMG** ist die Ausübung von Herrschaft, die in einer Spannweite von Demonstrationen bis letale Gewalt alles einschließt. Das **Gewaltverständnis** deckt sich mit dem von PMG. Zwischen Widerstand und Gewalt wird keine klare Grenze wahrgenommen.	Gewalt hat Notwehr und Selbstverteidigung zum Zweck. Der Sinn ergibt sich aus der fehlenden Wirksamkeit friedlicher Mittel und daraus, dass keine andere Möglichkeit gesehen wird, seine Ideale zu verteidigen, da diese einem andernfalls mit Gewalt weggenommen werden.	Physische Konfrontationen werden negativ beurteilt, jedoch bei der Bedrohung durch Gegner oder ein autoritäres Regierungssystem legitimiert. Bei erfahrener struktureller Gewalt wird PMG toleriert, geplant und angewendet. Aktionen von Mitgliedern werden als Gewaltakte beschrieben, jedoch wird diesen die Initiative abgesprochen. B3 betont einen Unterschied zwischen Gewalt gegen Menschen und Gewalt gegen Sachen. Legitimiert wird PMG durch die Zielführung und Reflexion, die mit ihr verbunden ist sowie teilweise vorgegebene Mittel durch Gegner.	Die Gruppe hat einen enormen Einfluss, da Aktivisten in dieser zu extremeren Handlungen neigen, die unter anderen Umständen nicht unbedingt stattfinden würden. Gewalt wird in der Gruppe als affektiver Komponente beschrieben. Hierarchien und Vorbilder sind negativ konnotiert, jedoch entwickeln sich erfahrungsbasierte Hierarchien, die abhängig von der Präsenz einer Person sind. Diese sind nicht statisch und können sich mit der Präsenz ändern. Vorbilder hat der Proband nicht.	Die Evaluation ist abhängig von der Orientierung der Basisgruppen, jedoch wird eine generelle Gewaltbereitschaft in der linksradikalen autonomen Szene angenommen.

	Definitionen von Widerstand, PMG und Gewalt	Sinn und Zweck der Gewaltanwendung	Reflexion PMG	Gruppendynamische Faktoren, Hierarchien, Vorbilder	Evaluation von PMG innerhalb der Szene
B4	**Widerstand** muss nicht zwingend gewalttätig sein. **PMG** ist eine Handlung gegen das Interesse einer Person durch physisches Angreifen oder Sachbeschädigung. Sie wird auch als rechtlich nonkonforme, aber moralisch korrekte Absage an das staatliche Gewaltmonopol und Reaktion auf die Ablehnung des Staates begriffen. **Gewalt** und PMG weisen marginale Unterschiede auf. Gewalt kann durch physische oder psychische Beeinflussung angewandt werden. Gewalttätige Personen sind Polizisten und rechte Aktivisten.	Mit PMG sollen rechte oder faschistische Gruppen aus dem öffentlichen Raum verdrängt werden und deren Aktionen blockiert oder verhindert werden. Es soll damit für die Rechte von schwächer gestellten Menschen gekämpft werden. Gewalt wird zudem zur Verteidigung vor gegnerischen Angriffen angewandt. Ein Profilieren durch Gewalt ist selten der Fall.	Gewalt wird in einem gruppeninternen Prozess reflektiert. Von beobachteter Gewalt eines Demonstranten auf einen Polizisten ohne erkennbaren Grund wird sich distanziert. Wenn es um Angriffe auf Personen geht, wird von B4 vorher abgewägt, jedoch wird Gewalt bei Unrecht, das sich nicht aufhalten lässt und durch den Kampf für etwas Gutes legitimiert, wenn der Gewaltakt nicht zu einschneidend ist. Gewalt wird zudem durch den Akt der Selbstverteidigung relativiert. Zwischen Gewalt gegen Sachen und gegen Menschen wird unterschieden. Das Bild von PMG hat sich mit dem Beginn des Aktionismus legitimiert.	Das Handeln wird in der Gruppe reflektiert und nach einem gemeinschaftlichen Konsens agiert. Betont wird die Anpassung der Gruppe auf „das schwächste Glied" bei Aktionen. Ein Profilieren in der Gruppe durch Mitglieder kommt vereinzelt vor. Hierarchien sind nicht gewollt, lassen sich jedoch kaum vermeiden. Es entstehen erfahrungsbasierte und präsenzgebundene Hierarchien. Betont wird allerdings die Egalität innerhalb der Gruppe. Vorbilder hat der Proband nicht.	Die Evaluation innerhalb der Szene zeigt sich als Streitpunkt, da sich die Standpunkte stark unterscheiden. Die Spannweite der Toleranz reicht von „gar keine Gewalt" bis „Gewalt kann in manchen Momenten sinnvoll sein". Es wird keine klare Tendenz deutlich, jedoch bildet die gewaltablehnende Fraktion in der Gruppe eine Minderheit. Wenn es die Situation erfordert, neigen Aktivisten zudem gern zu Gewalt.

	Definitionen von Widerstand, PMG und Gewalt	Sinn und Zweck der Gewaltanwendung	Reflexion PMG	Gruppendynamische Faktoren, Hierarchien, Vorbilder	Evaluation von PMG innerhalb der Szene
B5	**Widerstand** ist abhängig von der Gewaltdefinition. **PMG** findet nicht auf persönlicher Ebene statt, sondern richtet sich durch Überlegungen auf politische Ziele. PMG ist kein Hooliganismus oder Selbstzweck, sondern Selbstverteidigung und Schutz. PMG ist selbst erfen wird. **Gewalt** wird als Freiheitsentzug sowie strukturelle und kulturelle Unterdrückung durch Benachteiligung und Ausschluss definiert. Ein Beispiel ist der gesetzliche Rahmen.	Gewalt wird aus der Erkenntnis angewandt, dass es sich um den effizientesten Weg mit dem höchsten Nutzen zur Zielerreichung handelt. Jedoch diese nicht aus einem Selbstzweck angewandt, sondern aus der Notwendigkeit des einzigen Auswegs. Ein „egoistischer" Zweck ist die Selbstverteidigung des eigenen Wohls. Gewalt wird zudem zu einer medialen Aufmerksamkeit und einem Polarisierungszwang sowie zur Einschüchterung und aktiven Handlungsblockade der Gegner angewandt.	Die angewandte Gewalt basierte immer auf Überlegungen und nicht auf einem Impuls. Es wird sich im Nachhinein nicht davon distanziert. B6 beschreibt eine hohe Hemmschwelle zur Gewaltanwendung, die jedoch mit der Angst um die eigene Unversehrtheit konkurriert. Legitimiert wird PMG durch eine Zielsetzung und die Notwendigkeit der Anwendung. Auch die Gewalt des Systems und die Unterdrückung dieses legitimieren eine Reaktion mit Gewalt. Eine Radikalisierung findet mit Gewalterfahrungen durch Gegner statt.	Zentral ist die Eigenständigkeit der Bezugsgruppen, in denen sich organisiert wird. Jede handelt dabei nach den eigenen Einschätzungen und Fähigkeiten. Besonders an das „schwächste Glied" der Gruppe wird sich angepasst, da in der Gruppe das Gegenteil von Gruppendrang herrscht. Auf Aktionen werden Gruppen zum Schutz der Mitglieder gebildet. Das Profilieren in der Gruppe durch ein vermeintliches Ideal der Härte zeigt sich auch, jedoch wird dies vermieden. Es zeigt sich kein auffälliger Bezug zu Eigen- und Fremdgruppenkonstrukten.	Die Beurteilung in der Szene ist sehr heterogen, es gibt sich jeglicher physischen Konfrontation verweigernde Aktivisten, wie auch offensive Mitglieder, die sich wehren. Die Bezugsgruppen formieren sich nach der Toleranz und Bereitschaft zu Militanz, die in der Gruppe vorhanden ist, jedoch nicht von allen Zuspruch erhält.

	Definitionen von Widerstand, PMG und Gewalt	Sinn und Zweck der Gewaltanwendung	Reflexion PMG	Gruppendynamische Faktoren, Hierarchien, Vorbilder	Evaluation von PMG innerhalb der Szene
B6	**Widerstand** kann eine gewaltlose Handlung beinhalten, wenn niemand aktiv geschädigt wird. **PMG** ist eine durch Akteure mit politischen Zielen ausgeübte Handlung. **Gewalt** beinhaltet die Schädigungsabsicht eines Akteurs und eine geschädigte Person. Steine werfen wird beispielsweise als Verteidigung und Reaktion auf Staat und Gesellschaft angesehen. Gewalt wird sowohl auf Personen, als auch auf Sachen bezogen. Gewalttätige Person sind Polizisten durch die Ausführung des Gewaltmonopols. Auch Männer weisen, verglichen mit Frauen, eine höhere Bereitschaft zur Gewalttätigkeit vor.	Gewalt wird zu Selbstverteidigungszwecken angewandt und zur Verbreitung politischer Botschaften, da man ein Zeichen setzen möchte. Hinter Gewalt steckt der Selbstzweck eines Tatendrangs aus Wut oder empfundener Ungerechtigkeit. Es wird keine andere Möglichkeit der Veränderung und Erreichung der politischen Ziele gesehen und daher die Wut „ausgelebt". Neben Gewalt als affektives Ventil wird sich auf Aktionen verteidigt.	Die angewandte Gewalt wird relativiert, jedoch an dem Maß ihrer Zielführung und dem taktischen Sinn beurteilt. Die Hemmschwelle ist hoch, besonders bei Gewalt gegen Personen. Die Ausübung wird situativ in Abhängigkeit des Kontextes entschieden, jedoch spätestens mit der Bedrohung des eigenen Wohls angewandt. Differenziert wird zwischen Gewalt gegen Personen und Sachen. Ein eingeschränktes Demonstrationsrecht und eine Ablehnung des staatlichen Gewaltmonopols, damit verbundene Ziele und Ideale sowie die Bedrohung des eigenen Wohls machen PMG legitim. Die Evaluation von PMG hat sich durch Erfahrungen im Zuge des Aktivismus in ein legitimeres Bild gewandelt.	Die Gruppe hat einen großen Einfluss, den auch die einzelnen Mitglieder durch ihr Einbringen haben. Es wird eine Eigengruppe konstruiert, auch wird der Begriff „Genossin" verwendet. Die Gruppe übt trotz ihres großen Einflusses keine soziale Kontrolle auf ihre Mitglieder bezüglich PMG aus, da von anderen Aktivisten nicht interveniert wird, wenn Gewalt angewandt werden möchte. Bezugsgruppen werden nach dem Aktionskonsens gebildet, der sich nach den niedrigsten Aktionsbereitschaft richtet. Frauen wählen dabei passivere Gruppen als Männer. Betont wird die konsensuelle Entscheidungsfindung als Gruppe.	In der eigenen Gruppierung gibt es gewaltablehnende Personen. Andere Beurteilungen werden jedoch nicht kritisiert. Die Mehrheit der Gruppierung wird als im Zweifelsfall gewaltbereit eingeschätzt. Jedem Mitglied steht die Entscheidung über eine Evaluation frei, weshalb sich in der Gruppierung verschiedene Strömungen finden lassen.

8 Diskussion der Ergebnisse

Nach der bisherigen Analyse der Kategorien und einzelnen Fälle wird nachfolgend auf die zu Beginn der Untersuchung formulierten Forschungsfragen eingegangen. Diese sollen nun auf Grundlage der Auswertung beantwortet werden. Überdies werden Theorieansätze, auf die zur Konstruktion des Leitfadens Bezug genommen wurde, auf ihre Erklärungskraft überprüft.

Wie wird politisch motivierte Gewalt in der linken Szene definiert, beurteilt und inwieweit ist Gewalt dem politisch linksorientierten Protest inhärent?

PMG wird als Gegengewalt und Reaktion auf bereits thematisierte Bedrohungsapperzeption beschrieben. Das Handeln bewegt sich dabei meist außerhalb eines juristisch konformen Rahmens. Gewalt im Allgemeinen wird durch handelnde Akteure in Form von Unterdrückung, Zwang oder dem Entzug von Freiheit als schädigenden Akt ausgeübt und überwiegend in einem Fremdbezug mit Gegnern der Szene in Beziehung gesetzt (*The Condemnation of the Condemners*[31]). In Bezug zu dargelegten Gewaltverständnissen unter Punkt 3 lassen sich die Beschreibungen der Probanden in überwiegend alle definitorischen Ansätze einordnen. Gewalt wird sowohl physisch durch körperliche Auseinandersetzungen, psychisch durch Einschüchterung, als auch strukturell durch das Gewaltmonopol des Staates, ebenso wie kulturell anhand rassistischer Ideologien und der Abschiebung Geflüchteter definiert. Gewalt wird nicht durch eine Unterlassung definiert, was die Fokussierung auf Aktionismus der eigenen Gruppierung und der Gegner verdeutlicht. Es zeigt sich somit ein enorm breites Gewaltverständnis der Probanden. Welche Handlung als Gewaltakt beschrieben wird, ist indes von dem sehr heterogenen Verständnis und den entsprechenden

---

31 Siehe Kapitel 4.1: Legitimations- und Neutralisierungsstrategien.

Lagern innerhalb der Szene abhängig und kann daher nicht gänzlich auf die Explikationen der Probanden zurückgeführt werden. Ebenso die Evaluation von Gewaltanwendung aus politischen Motiven ist nicht von Homogenität gekennzeichnet, da das Spektrum innerhalb der Szene von strikter Aversion bis zur Toleranz letaler Gewalt unter bestimmten Bedingungen reicht.

Es lässt sich allerdings in den Ausführungen der Befragten eine Ambiguität der Gewaltevaluation ausmachen. Diese betrifft eine kognitive Dissonanz (vgl. Fuchs-Heinritz et al. 2011: 145) zwischen einem pazifistischen Selbstbild, welches die Appetenz eines friedlichen Zusammenlebens ohne die Beeinträchtigung der Grundrechte als Dogma setzt. Auf jene Dissonanz folgt eine Dissonanzreduktion durch die Inkorporation apologetischer Narrative und gegnerischer Polemik (*The Denial of the Victim*), die eine Toleranz oder Anwendung von Gewalt trotz einer pazifistischen Selbstbeschreibung möglich machen. Gewalt wird daher an dem Maß ihrer Zielführung, ihrem taktischem Sinn und eigenen, teilweise von juristischem Kontext losgelösten Moralvorstellungen beurteilt. Eine Inhärenz von PMG lässt sich insofern nicht explizit feststellen, als dass die linksautonome Szene in ihrer Diversität keine einheitliche Evaluation von PMG vornimmt. Eine Tendenz zu Gewaltbereitschaft, wie auch die Annahme einer Notwenigkeit gewaltsamen Vorgehens zur Erreichung der eigenen Ziele machen jedoch deutlich, dass eine Inhärenz von gewaltaffinem Handeln in linksradikalen Milieus und ihren Ideologien nicht auszuschließen ist. Im Besonderen begünstigen negative Erlebnisse und gewaltsame Erfahrungen auf Aktionen sowie verletzende Askriptionen von außen ein distinktives und sich legitimierendes Gewaltverständnis, mit dem eine zunehmende Militanz einhergehen kann.

Aus welchen Gründen und zu welchem Zweck wird politisch motivierte Gewalt angewandt?

Gründe für eine Anwendung PMG lassen sich in einer wahrgenommenen Bedrohung der eigenen Person oder anderen linksautonomen Aktivisten finden, auf die eine Reaktanz folgt. Sie wird als einziger Ausweg apperzipiert, da sich die Individuen in einem Zustand der Liminalität[32] mit dem Willen zur Überwindung empfundener symbolischer Gewalt befinden. PMG wird nach den Schilderungen der Probanden größtenteils zu Zwecken der Selbstverteidigung oder Wiederherstellung von (eigenen) Freiheitsrechte angewandt, die auf eine gegebene Fehlerhaftigkeit des gesellschaftlichen und politischen Systems zurückzuführen ist (*The Denial of Responsibility*). Die Überwindung der *doxa*[33] durch PMG wird somit durch einen nicht geteilten Modus der Evidenz (vgl. Barlösius 2006: 28) legitimiert. Darüber hinaus ist die Erreichung der öffentlichen Aufmerksamkeit ein Zweck, mit dem das (mediale) Präsentmachen von Themen und Problemen erreicht werden will. PMG wird zur Blockade und Provokation der Gegner eingesetzt, da sie zur Zielerreichung als das Mittel mit dem höchsten Nutzen erscheint. Eine kognitive „Opportunitätskostenrechnung" der Aktivisten macht sie, durch die wahrgenommene Unwirksamkeit friedlichen Protests, zu einer sinnvollen Handlungsmöglichkeit.

Ab wann wird die Grenze zur Gewaltanwendung überschritten und wo verläuft die Grenze zwischen rechtlich legitimer Nonkonformität und Devianz?

Die Grenze wird mit der aktiven Bedrohung des (eigenen) körperlichen Wohls oder der Wahrnehmung einer Einschränkung der Freiheitsrechte überschritten. Wo eine Grenze zwischen legitimem Widerstand und nonkonformer Gewalt verläuft, hängt von dem Gewaltverständnis der Akteure ab. Ein aktives Handeln (körperlicher Einsatz) wird beispielsweise eher als Gewalt wahrgenommen, als ein Handeln durch Unterlassung (z.B. eine Sitzblockade). Zudem wird das Ausmaß von Nonkonformität nach der Deliktschwere unterschieden. Die Gewalt gegen Personen wiegt schwerer, als Delikte gegen Eigentum (*The*

---

32 Bezeichnet einen Schwellenzustand, in den Individuen geraten, wenn sie die bestehende Sozialordnung infrage stellen (vgl. V.W. Turner). Dieser kann durch eine Änderung der bestehenden Sozialordnung oder einem Ausschluss bzw. Austritt der Kritiker aufgelöst werden. Die Grenzen zwischen Realität und Fiktion verschwimmen in diesem Zustand (vgl. Fuchs-Heinritz et al. 2001: 410).

33 Die doxa umfasst nach Pierre Bourdieu einen Zustand des Einklangs zwischen inneren Erwartungen an die Umwelt eines Individuums und der Realität. Der Modus der Evidenz gibt hier vor, welche Ziele und Vorstellungen naturgegeben als erreichbar gelten.

Denial of Injury), dessen Schaden nach Aussagen des Probanden B3 von Versicherungen übernommen werden. Die Grenzziehung ist somit davon abhängig, inwieweit sich der Aktivist zu einem militanten radikalen Teil der linksautonomen Szene zuordnet. Auch die Hemmschwelle der Aktivisten unterscheidet sich je nach Aktivitätsgrad und Gewaltverständnis, weshalb eine klare Grenzziehung nicht möglich ist. Feststellbar ist jedoch, dass sich die Akzeptanz von Gewalt und die eigene Bereitschaft zur Anwendung dieser erhöht, je aktiver die Person in linksautonome Kreise eingebunden ist und je prägender sie die gemachten Erfahrungen apperzipiert.

Welche gruppendynamischen Faktoren spielen bei der Radikalisierung eine Rolle?

Innerhalb der Gruppierungen lassen sich Apperzeptionen negativer Erfahrungen mit Gewalt und Diskriminierung ausmachen, die bisherige Aversionen gegenüber ideologischen oder institutionellen Gegnern möglicherweise verstärken, da sie auf eine Resonanz innerhalb der Gruppe stoßen. Zudem werden radikale Positionen bezüglich Gewaltanwendung überwiegend nicht von anderen Mitgliedern kritisiert, da jeder Aktivist in seinem Standpunkt toleriert wird. Die auf Zuschreibungen folgende Resignation und eine starke Solidarisierung (*The Appeal to Higher Loyalties*) mit anderen Aktivisten machen eine exogene soziale Kontrolle somit nur schwerlich möglich. In den Gruppierungen bilden sich folglich "collective identity and foster solidarity, trust, community, political inclusion, identity formation, and other valuable social outcomes" (Sageman, 2004: 157). Auch eine Anpassung der Handlung an die Gruppe, wie von B3 beschrieben sowie die Neigung zu „extremerem" Verhalten in dieser zeigen, dass die Gruppe eine katalysierende und bekräftigende Wirkung auf ihre Mitglieder und deren Handlungen hat.

Geschlechterrollen innerhalb der Szene und Gruppierungen werden scheinbar lediglich am Rande thematisiert, wie durch das Interesse an der Thematik „Sexismus" (B4) oder dem Einordnen von Sexisten in das gegnerische Spektrum (B1), spiegeln jedoch ein ambivalentes Verhältnis im Vergleich zu Schilderungen des Probanden B6 wieder. Dieser betont durchaus patriarchale Strukturen innerhalb der Szene durch das Vergeben häuslicher Aufgaben an Frauen und ein Hierarchiegebilde, welches durch männliche Dominanz geprägt ist. Auch der Männern zugeschriebene verstärkte Aktivismus und die Wahl von passiven Gruppen durch Frauen zeigt eine stereotype Geschlechterwahrnehmung. Ein konstruierter „Männlichkeitsfetisch" (B4: 44) wird demgegenüber der gegnerischen Kategorie der Exekutive vorgeworfen, da die Beamten sich durch diesen profilieren und daher des Öfteren zu Gewalt neigen würden. Dass dies vereinzelt auch in der linken Szene der Fall ist, bestätigt der Proband, beruft sich jedoch auf die vorwiegend anderen Gründe der Gewaltanwendung. An dieser Stelle sei auf den sozialen Sinn männlichen Gewalthandelns verwiesen. Nach Bourdieu wird dieser „konstruiert und vollendet (...) nur in Verbindung mit dem den Männern vorbehaltenen Raum, in dem sich, unter Männern, die ernsten Spiele des Wettbewerbs abspielen" (Bourdieu 1997: 203). Meuser (Boatcă & Lamnek 2003: 39) zufolge ist den „Frauen (...) in diesen Feldern eine marginale Position zugewiesen, die gleichwohl für die Konstitution von Männlichkeit nicht unwichtig ist". Geschlecht begreift Meuser in gruppendynamischen Prozessen als „eine relationale Kategorie nicht nur in dem Sinne, dass Männlichkeit in Relation zu Weiblichkeit steht und vice versa, sondern ebenso in der Hinsicht, dass der geschlechtliche Status eines Individuums auch in den Beziehungen zu den Mitgliedern der eigenen Genusgruppe bestimmt wird." (ebd.: 40). Männlichkeit scheint damit „eine kompetitive, auch intern hierarchisch strukturierte und auf soziale Schließung hin angelegte Struktur zu haben." (ebd.). Soziale Schließung umfasst das Bemühen einer sozialen Gruppierung, Monopolstellungen innerhalb dieser für sich zu etablieren und diese durch Zutrittsverweigerung zur Gruppe zu bewahren (ebd.). Dies scheint im Widerspruch zu dem propagierten egalitären Prinzipien der Aktivisten zu stehen, dennoch manifestiert sich in einem den männlichen Aktivisten vorbehaltenen Aktivismus und einer Dominanz in Diskussionen eine zumindest temporäre Exklusion des weiblichen Geschlechts und damit einhergehend eine Etablierung männlicher Monopolstellungen. Meuser bezeichnet diesen Prozess innerhalb devianter Gruppierungen als „Gewaltförmig ausgetragene Spiele des Wettbewerbs" (ebd.: 41).

Ein weiteres Augenmerk liegt auf dem körperlichen Einsatz der Aktivisten. Sowohl B3, als auch B6 betonen die Normalität und Erwartung von der Erfahrung physischer Gewalt, die mit einem Aktivismus in der linksautonomen Szene einherginge. Auch die nach B6 beinahe rituelle Gewaltszene in Italien, bei der sowohl Demonstranten als auch Beamte ein gegenseitiges Schädigen erwarteten, lässt auf ein bewusstes und provoziertes Risikoverhalten schließen: „Alle aktiv Beteiligten – und potenziell auch die in vielen Situationen anwesenden Zuschauer – riskieren ihren Körper. Der eigene Körper ist der Einsatz, den die Akteure in die ernsten Spiele des Wettbewerbs einbringen. Er ist ihr Kapital. Spuren, die gewaltsame Auseinandersetzungen am Körper hinterlassen (das blaue Auge, das gebrochene Nasenbein), zeugen im Fall reziproker Relationen[34] weniger von einer Niederlage als davon, dass sich der Betreffende dem Kampf ‚mannhaft' gestellt hat, ihm nicht ausgewichen ist." (ebd.: 43). Das Standhalten, so Meuser weiter sowie Verletzungen können durch das Profilieren von „Männlichkeit bzw. der ‚männlichen Ehre' präsentiert werden" (ebd.).

Legitimations- und Neutralisierungsansätze erwiesen sich in diesem Projekt als sehr gehaltvoll, da sich jede der einzelnen Legitimationsstufen, welche unter 4.1 beschrieben wurden, in den Argumentationen der Probanden wiederfinden lässt. Darunter fallen Narrative, die das eigene Verhalten relativieren, gegnerischen Personen keine Viktimität zugestehen, situative Umstände, wie die Beschaffenheit des gesellschaftlichen oder politischen Systems als Legitimationsgrundlage betrachten und sich durch eine solidarische Defensivität exogener sozialer Kontrolle verweigern. Durch das Herausarbeiten legitimierender Ideologien wurden die Handlungsmotive der Probanden sichtbar und können miteinander verglichen werden. Dass eine Bindung an gesellschaftliche und rechtliche Normenkomplexe bei den Probanden trotz der Ablehnung von Staat und Gesellschaft vorhanden ist, zeigt die fulminante Tendenz zur Rechtfertigung der Ideale und Handlungen, die Minor mit einem nicht grundsätzlich vorhandenen Rechtfertigungszwang beschreibt: „Thus, not everyone who commits a crime needs to neutralize. Neutralization is unnecessary for those who are committed to deviance." (Minor 1981: 300).

---

34 Reziproke Relationen finden sich in diesem Fall zwischen linken Demonstranten und ihren Gegnern.

Subkulturelle Ansätze des factor approach werden in dieser Arbeit weniger durch illegitime Mittel erkennbar, zu denen sich in einer Subkultur Zugang verschafft werden. Auch die Szene selbst lässt sich nach den Aussagen der Mitglieder nicht als einheitliche Subkultur beschreiben, sondern als ein Zusammenkommen verschiedener Subkulturen, die sich als links begreifen.

Vielmehr spielen demgegenüber Solidarität, Distinktion zu Staat und Gesellschaft sowie die Verstärkung polemischer Narrative durch einen Echokammer-Effekt eine Rolle: „In essence, the echo chamber facilitates 'groupthink' processes by which members can radicalize collectively without an outside force driving the process. The discussion and gradual acceptance of propaganda claims creates a shared ingroup identity and triggers a self-reinforcing dynamic by making the consumer believe that everybody around them adheres to ideological worldview propagated. This can create a powerful group dynamic of constantly engaging with and thereby normalizing the propaganda claims (…)" (Baaken & Schlegel 2017: 189). Des Weiteren werden Narrative und Ideologien durch die prägende und politisierende Wirkung der Gruppierungen internalisiert: „…individuals come to accept the claims made and normalized by their echo chambers as their own and construct their worldview in accordance with them." (ebd.).

Dieser Vorgang lässt sich mit dem Konstrukt des Labeling-Ansatzes verknüpfen, da vornehmlich negativ wahrgenommene Askriptionen von außen auf die Szene und ihre Mitglieder treffen, was eine Distinktion nach außen durch den Rückzug in die „Eigengruppe", die ihren Mitgliedern Akzeptanz und Toleranz entgegenbringt, weiter verstärken kann. Die „Labels" werden registriert, tragen jedoch nur bedingt zu einer Verhaltensänderung bei. Eine festgestellte Veränderung, die sich entgegen der These eines Adaptierens zugeschriebener negativer Stereotype ausmachen ließ, ist die positive Selbstdarstellung von Aktivisten. Dies trifft jedoch lediglich auf jene Teilbereiche der linksautonomen Szene zu, die eine positive Öffentlichkeitswirkung anstreben.

„Labeling"-Ansätze und das Konstrukt der sekundären Devianz leisten in dieser Arbeit die Erklärung einer Distinktion linksautonomer Aktivisten durch wahrgenommene Aversionen und negative Askriptionen seitens des Staates und der Gesellschaft. Auf eine Internalisierung der Stereotypen und eine darauffolgende sekundäre Devianz lässt sich in diesem Rahmen allerdings nicht schließen. Auch ist eine vollständige Erklärung der Distinktionsmotivationen jedes einzelnen Probanden nicht möglich, da sich diese aus einem Zusammenspiel multifaktorieller Einflüsse und einer Person-Situation-Interaktion (vgl. Wikström 2014) ergibt. Jedoch ist eine resignierende Einstellung gegenüber exogenen Askriptionen feststellbar, die eine soziale Kontrolle von außen unmöglich machen. Abschließend werden in dieser Diskussion häufigkeitsbasierte Besonderheiten des Datenmaterials thematisiert. Dabei stehen das Antwortverhalten der Probanden, ihre Themenschwerpunkte sowie die Häufigkeiten der vergebenen Kategorien im Zentrum.

Abbildung 2   Dokumentvergleich der Abschnitte 1–14

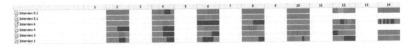

Abbildung 3   Dokumentvergleich der Abschnitte 70–84

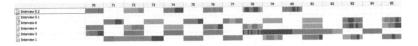

Selbstbezug/subjektive Erlebnisse („Bedeutung der Szene", „selbst angewandte Gewalt", etc.), Definitionen („Definition Gewalt", „Definition Widerstand", etc.), Bezug auf die Gruppierung/Szene („Gruppendynamische Faktoren", „Hierarchien", etc.), Einstellungen und Werte („Sinn und Zweck der Gewaltanwendung", „Vorbilder", etc.) sowie Abläufe und Prozesse („Vorbereitung auf Aktionen", „Beispiele stattgefundener Aktionen", etc.).

Oben stehende Abbildungen geben einen Überblick der Themenschwerpunkte der Interviews, die sich durch die Kategorisierungen der Codes zeigen. Die farbigen Balken markieren den Abschnitt, in welchem sich zu den jeweiligen Codes einer Farbkategorie geäußert wurde. Während die Abbildung 2 einen vergleichsweise homogenen Themenbezug zeigt, verdeutlicht die darauffolgende Abbildung 3 ein heterogenes Antwortmuster, welches sich im Verlauf der Interviews bei allen Probanden ausmachen ließ. Die gänzlich verschiedenen Farbverläufe weisen zum einen auf die häufigen Themenwechsel hin, zum anderen auf eine Vielzahl an angesprochenen Themen innerhalb einer Antwort, welche in allen Interviews zu vernehmen waren.

Im Zuge dessen sei an dieser Stelle ein in seiner Heterogenität konstantes Antwortmuster der Probanden festgehalten, welches sich durch Legitimationsnarrative und „name-dropping" der politischen Gegner sowie anhand einer Zurückhaltung bezüglich selbst angewandter Gewalt auszeichnet. Nachfolgende Abbildung 4 visualisiert die Häufigkeiten der einzelnen Hauptkategorien sowie die Häufigkeiten, die sich auf die einzelnen Probanden beziehen, welche dargelegtes Antwortmuster mit den Schwerpunkten der Reflexion PMG und der häufigen Nennung szenetypischer Gegner testiert.

Abbildung 4 Visualisierung von Häufigkeiten

Codesystem	Interview 5.2	Interview 5.1	Interview 6	Interview 4	Interview 3	Interview 1	SUMME
▷ Abläufe von Aktionen							54
▷ Veränderungen innerhalb der Szene							51
▷ Exogene Askriptionen							84
▷ Evaluation von PMG innerhalb der Szene							25
▷ Reflexion PMG							111
Erfahrungen mit pmG							17
▷ Selbst angewandte Gewalt							28
▷ Sinn und Zweck der Gewaltanwendung							69
▷ Definition Gewalt							25
▷ Definition politisch motivierte Gewalt							75
▷ Definition Widerstand							13
▷ Gegner der Szene							155
▷ Einstellungen und Werte							61
▷ Vorbilder							12
▷ Hierarchien							21
▷ Einfluss der Gruppe							74
▷ Bezug zu Subkultur							27
▷ Bedeutung der Szene							57
▷ Zugang zur linksautonomen Szene							52
∑ SUMME	188	10	187	145	216	265	1.011

Ersichtlich werden hieraus die am häufigsten verwendeten Kategorien „Gegner der Szene" (157 Kodierungen) und „Reflexion PMG" (134 Kodierungen). Die Kennwerte ergeben sich aus den aggregierten Teilsummen der Subkategorien, die jeweils in der entsprechenden Hauptkategorien gefasst sind[35]. Die Darstellung lässt zudem erkennen, welche kategorischen Schwerpunkte in den einzelnen Befragungen vorliegen. Während sich der Proband B1 beispielsweise sehr häufig zu Geg-

---

35 Eine Verzerrung ist hier bei dem Probanden B5 möglich, da das Interview in zwei Dokumente aufgeteilt ist.

nern der Szene äußerte, thematisierte der Proband B6 neben diesen häufig die Reflexion PMG mit den verbundenen Subkategorien der Legitimation, Relativierung und weiteren. Keinen entscheidenden Gesprächsraum nahm demgegenüber die Kategorie „Vorbilder" ein, welche mit lediglich 11 Kodierungen die marginalste Kategorie bildet.

Die Ergebnisse dieser Arbeit gliedern sich größtenteils in die bisherigen Befunde der Forschung ein. Sowohl ein genuin negatives Staatsbild, als auch das Absprechen jeglicher Humanität der Gegner zeigte sich auch in der Analyse vorliegender Daten. Weitreichende Erkenntnisse bietet allerdings die herausgearbeitete Konfrontation mit polizeilichen Beamten. Diese wurde bislang unzureichend analysiert, da vorhandene Studien überwiegend die Auseinandersetzungen mit Gegnern des rechten Spektrums fokussieren. Auch die Spezifizierung des Gewaltbegriffs und die Erörterung von Sinn und Zweck dieser ist mit diesen Befunden ein Novum des Erkenntnisstandes, durch welches sich ein detaillierteres Bild der Ideologien des linksautonomen Spektrums zeichnen lässt. Feindbilder entsprechen den gängigen Kategorien in der Literatur, jedoch umfassen die in dieser Analyse bestimmten Gegner mit Sexisten, Rassisten und religiösen Fundamentalisten mehr Kategorien als der bisherige Forschungsstand.

8.1 Reflexion der methodologischen Anwendung

Folgender Abschnitt behandelt in einem Überblick die Anwendung bereits beschriebener methodologischer Konzepte und die damit verbundenen Probleme und Unstimmigkeiten, die sich zunächst in der Applikation ergaben. Schwierigkeiten in der Codierung der einzelnen Sinneinheiten des ersten Interviews traten beispielsweise durch eine zu feine Zuordnung auf, die zur Folge hatte, dass die Fülle an vergebenen Codes überhandnahm. Das Codieren mit nur einem Code schien nicht praktikabel, jedoch konnte dieses Problem der Komplexität durch eine Umstrukturierung und Zusammenfassung ähnlicher Kategorien gelöst werden. In diesem Zusammenhang betont Kuckartz, dass „im Rahmen der qualitativen Inhaltsanalyse in der Regel Sinneinheiten als Codiereinheiten gewählt werden und sich die codierten Segmente durchaus überlappen oder ineinander verschachtelt sein können" (2016: 43). Auch ist bei thematischen Codierungen davon auszugehen, „dass in einem Textabschnitt durchaus mehrere Themen angesprochen sein können, sodass dann auch die entsprechenden Kategorien zuzuordnen sind" (ebd.: 103).

Unter der Bezugnahme auf das hermeneutische Prinzip des Vor- und Textverständnisses des hermeneutischen Zirkels (vgl. Kuckartz 2016: 18) wurden alle Interviews mehrfach überarbeitet, um eine fehlerhafte Zuordnung der Sinneinheiten zu den Kategorien zu vermeiden. Ein Gutachten durch weitere Personen im Sinne der Intercoder-Reliabilität war im Rahmen dieser Arbeit aus forschungspragmatischen Gründen nicht möglich, weshalb alle weiteren Aussagen und Interpretationen zu dem Datenmaterial einer mehrfachen Prüfung unterzogen wurden, um Validität der Ergebnisse zu gewährleisten.

Die Gütekriterien der Reliabilität und Objektivität wurden in dieser Arbeit, bezugnehmend auf Diskurse der empirischen qualitativen Sozialforschung, welche diese aufgrund der individuellen Kategorienbildung in Abhängigkeit der Kompetenz des Forschenden als nicht erreichbar sehen, nicht weiter berücksichtig (vgl. Lamnek 1993a: 177; Kuckartz 2016: 72).

8.2 Weiterführende Überlegungen

Diese Arbeit stellt den Versuch einer Analyse der Einstellungsmuster und Beweggründe zu politisch motivierter Gewalt dar. Der Interessensmittelpunkt von Gewalt sollte bestehenden Forschungslücken durch einen empirischen Erkenntnisgewinn entgegenwirken und zugleich die Anwendbarkeit der prononcierten soziologischen Theorien auf das Phänomen der politisch motivierten Gewalt in der linksautonomen Szene prüfen. Die Erkenntnisse des Projektes lassen sich weitestgehend in die bisherigen Ergebnisse des Forschungskanons einordnen und geben zudem einen erweiterten Einblick in das Verhältnis der Akteure zu einem Phänomen, welches bisher größtenteils durch Selbstbeschreibungen erforscht wurde.

Die Heterogenität in den Beschreibungen und Einstellungen zu politisch motivierter Gewalt macht die Bedeutsamkeit der Legitimation für die Aktivisten deutlich. Ein reger Diskurs der Thematik mit folgenden Streitigkeiten innerhalb der Gruppierungen lassen Motive erkennen, die sich jenseits einer ziellosen Gewaltaffinität bewegen. Dennoch ziehen Radikalisierungsprozesse und die Legitimierung oder Neutralisierung von Gewalt, sei es auch aufgrund politischer Zwecke, weitreichende Folgen für die Aktivisten und ihr Umfeld nach sich, welche mit dieser Arbeit jedoch nicht gänzlich erfasst werden konnten. Auf den Erkenntnissen aufbauend bieten sich daher Studien zu expliziten Gegennarrativen an, die ebenfalls an einer genuin gewaltanalytischen Perspektive ansetzen. Ebenso Sozialisationsfaktoren der Aktivisten, wie auch biopsycho-soziale (vgl. Kudlacek et al. 2017: 25) Entwicklungen sollten in künftiger Forschung miteinbezogen werden. Faktoren, die eine Radikalisierung begünstigen und eine Gewaltanwendung wahrscheinlich machen, konnten in diesem Rahmen ebenfalls nicht analysiert werden, was durch fortlaufende Forschung in diesem Feld kompensiert werden sollte.

Die Aussagen der Probanden bezüglich den Faktoren, die ihre Sichtweise auf politisch motivierte Gewalt prägten oder legitimierten, lassen auf ein bisher unzureichend erforschtes Konfliktpotenzial zwischen Demonstranten und polizeilichen Beamten schließen. Wechselwirkungen wurden in bisherigen Forschungsansätzen ausschließlich zwischen politisch entgegengesetzten feindlichen Gruppierungen des rechten und linken Spektrums analysiert, nicht jedoch in Bezug auf ein reziprokes Konfliktpotenzial zwischen Beamten der Polizei und linksautonomen Aktivisten. Deradikalisierende Narrative und Möglichkeiten des friedlichen politischen Protests und der Partizipation sollten daher in zukünftigen Projekten von Interesse sein, um der Perspektive Oliver Wendell Holmes' entgegenzuwirken: „Between two groups that want to make inconsistent kinds of worlds I see no remedy except force" (1920: 36).

Literaturverzeichnis

Azzellini, Dario (2009): G8 protests Genoa 2001. Malden, Oxford: Wiley Blackwell.

Baaken, Till; Schlegel, Linda (2017): Fishermen or Swarm Dynamics? Should we Understand Jihadist Online-Radicalization as a Top-Down or Bottom-Up Process? In: Journal for Deradicalization (13).

Backes, Uwe (1989): Politischer Extremismus in demokratischen Verfassungsstaaten. Wiesbaden: VS Verlag für Sozialwissenschaften.

Backes, Uwe (1989): Politischer Extremismus und demokratischer Minimalkonsens. In: Uwe Backes (Hg.): Politischer Extremismus in demokratischen Verfassungsstaaten. Wiesbaden: VS Verlag für Sozialwissenschaften, S. 87–112.

Backes, Uwe; Mletzko, Matthias; Stoye, Jan (2010): NPD-Wahlmobilisierung und politisch motivierte Gewalt. Sachsen und Nordrhein-Westfalen im kontrastiven Vergleich. Köln: BKA; Luchterhand (Polizei + Forschung, Bd. 39).

Baecker, Dirk (2014): Neurosoziologie. Ein Versuch. Berlin: Suhrkamp.

Barlösius, Eva (2006): Pierre Bourdieu. Frankfurt/New York: Campus Verlag.

Baumann, Zygmunt (1995): Moderne und Ambivalenz. Das Ende der Eindeutigkeit. Hamburg: Junius.

Becker, Howard S. (1963): Outsiders. Studies in the Sociology of Deviance. Glencoe, New York: The Free Press.

Becker, Howard S. (1981): Zur Soziologie abweichenden Verhaltens. Frankfurt a. M.: S. Fischer.

Benjamin, Walter (1999): Gesammelte Schriften. Hg. v. R. Tiedemann und H. Schweppenhäuser. Frankfurt a. Main: Suhrkamp.

Berelson, Bernard (1952): Content Analysis in Communication Research. Glencoe: The Free Press.

Bergmann, Werner; Erb, Rainer (1994): Neonazismus und rechte Subkultur. Berlin: MetropolVerlag.

Boatcă, Manuela; Lamnek, Siegfried (2003): Geschlecht – Gewalt – Gesellschaft. Hg. v. Ottovon-Freising-Tagungen der Katholischen Universität. Opladen: Leske + Budrich.

Bortz, Jürgen; Döring, Nicola (2006): Forschungsmethoden und Evaluation. für Human- und Sozialwissenschaftler. Berlin Heidelberg: Springer.

Bourdieu, Pierre (1997): Die männliche Herrschaft. In: Ein alltägliches Spiel. Geschlechterkonstruktion in der sozialen Praxis. Frankfurt a. Main, S. 153–217.

Boyatzis, Richard E. (1998): Transforming Qualitative Information. Thematic Analysis and Code Development. Thousand Oaks: SAGE Publications.

Brüsemeister, Thomas (2008): Qualitative Forschung. Ein Überblick. Wiesbaden: VS Verlag für Sozialwissenschaften.

Bundesamt für Verfassungsschutz (2000): Bundesamt für Verfassungsschutz. 50 Jahre im Dienst der inneren Sicherheit. Köln.

Bundeskriminalamt (BKA) (2007): Informationen zum polizeilichen Definitionssystem Politisch motivierte Kriminalität (PMK). Meckenheim.

Bundeskriminalamt: Kriminalistisches Institut (Forschungs- und Beratungsstelle Terrorismus/Extremismus (FTE)) (2016): Politisch motivierte Konfrontationsgewalt. Auseinandersetzungen zwischen links- und rechtsorientierten Akteuren in den Jahren 2011–2012 / Auszüge aus dem Abschlussbericht.

Bundesministerium des Innern (BMI) (2014): Extremismus in Deutschland. Erscheinungsformen und aktuelle Bestandsaufnahme. Pößneck: GGP Media GmbH.

Bundesministerium des Innern (BMI) (2015): Verfassungsschutzbericht 2015.

Bundesministerium des Innern (BMI) (2016): Verfassungsschutzbericht 2016.

Burgess, Robert L.; Akers Robert L. (1966): A Differential Association-Reinforcement Theory of Criminal Behavior. In: Social Problems (14), S. 128–147.

Cloward, Richard, A. (1959): Illegitimate Means, Anomie and Deviant Behavior. In: American Sociological Review 24, S. 164–176.

Cohen, Albert K. (1955): Delinquent Boys. Glencoe: The Free Press.

Corbin, Juliet; Strauss, Anselm L. (2008): Basics of Qualitative Research: Techniques and Procedures For Developing Grounded Theory. London: SAGE.

Della Porta, Donatella (2002): Der Gewaltbegriff. In: Heitmeyer, Wilhelm; Hagan, John: Internationales Handbuch der Gewaltforschung. Wiesbaden: VS Verlag für Sozialwissenschaften, S. 479–500.

Diekmann, Andreas: Empirische Sozialforschung. Grundlagen, Methoden, Anwendung. Reinbeck bei Hamburg: Rowohlt.

Dresing, Thorsten; Pehl, Thorsten (2013): Praxisbuch Interview, Transkription & Analyse. Anleitungen und Regelsysteme für qualitativ Forschende. Marburg: Dresing und Pehl GmbH.

Egloff, Birte (2002): Praktikum und Studium. Diplom-Pädagogik und Humanmedizin zwischen Studium, Beruf, Biographie und Lebenswelt. Wiesbaden: VS Verlag für Sozialwissenschaften.

Enzmann, Birgit (2013): Handbuch Politische Gewalt. Wiesbaden: Springer Fachmedien

Flick, Uwe (2006): Qualitative Sozialforschung. Reinbeck: Rowohlt Taschenbuch Verlag.

Flick, Uwe (2011): Triangulation. Eine Einführung. Wiesbaden: VS Verlag für Sozialwissenschaften.

Fuchs-Heinritz, Werener; Klimke, Daniela; Lautmann, Rüdiger; Rammstedt, Otthein; Stäheli, Urs; Weischer, Christoph; Wienold, Hans (2011): Lexikon zur Soziologie. Wiesbaden: VS Verlag für Sozialwissenschaften.

Galtung, Johann (1998): Frieden mit friedlichen Mitteln. Opladen: Leske + Budrich.

Glaser, Barney; Strauss, Anselm (1998): Grounded Theory. Strategien qualitativer Forschung. Bern: Huber.

Glaser, Michaela; Schultens, René (2013): Linke Militanz im Jugendalter. Befunde zu einem umstrittenen Phänomen. Arbeits- und Forschungsstelle Rechtsextremismus und Fremdenfeindlichkeit. Halle.

Helfferich, Cornelia (2005): Die Qualität qualitativer Daten. Manual für die Durchführungqualitativer Interviews. Wiesbaden: VS Verlag für Sozialwissenschaften.

Hermann, Dieter (2003): Werte und Kriminalität: Konzeption einer allgemeinen Kriminalitätstheorie. Wiesbaden: Springer Fachmedien.

Hitzler, Ronald; Niederbacher, Arne (2010): Leben in Szenen. Formen juveniler Vergemeinschaftung heute. Wiesbaden: VS Verlag für Sozialwissenschaften.

Hopf, Christl (1995): Qualitative Sozialforschung. Eine Einführung.: Reinbek: Rowohlt.

Hopf, Christl; Rieker, Peter; Sanden-Marcus, Martina; Schmidt, Christiane (1995): Familie und Rechtsextremismus. Familiale Sozialisation und rechtsextreme Orientierungen junger Männer. Weinheim: Juventa.

Hsieh, Hsiu-Fang; Shannon, Sarah E. (2005): Three Approaches to Qualitative Content Analysis. In: Qualitative Health Research 15 (9), S. 1277–1288.

Imbusch, Peter (2002): Der Gewaltbegriff. In: Heitmeyer, Wilhelm; Hagan, John: Internationales Handbuch der Gewaltforschung. Wiesbaden: VS Verlag für Sozialwissenschaften, S. 26- 57.

Jaschke, Hans-Gerd (2006): Politischer Extremismus. Wiesbaden: VS Verlag für Sozialwissenschaften.

Kuckartz, Udo (2010): Einführung in die computergestützte Analyse qualitativer Daten. Wiesbaden: Springer Fachmedien Wiesbaden.

Kuckartz, Udo (2012): Qualitative Inhaltsanalyse: Methoden, Praxis, Computerunterstützung. Weinheim Basel: Beltz Juventa.

Kuckartz, Udo (2016): Qualitative Inhaltsanalyse: Methoden, Praxis, Computerunterstützung. Weinheim Basel: Beltz Juventa.

Kuckartz, Udo; Dresig, Thorsten; Rädiker, Stefan; Stefer, Claus (2008): Qualitative Evaluation:

Der Einstieg in die Praxis. Wiesbaden: VS Verlag für Sozialwissenschaften.

Kuckartz, Udo; Grunenberg, Heiko; Dresing, Thorsten (2007): Qualitative Datenanalyse: computergestützt. Methodische Hintergründe und Beispiele aus der Forschungspraxis. 2. Aufl. Wiesbaden: VS Verlag für Sozialwissenschaften.

Kudlacek, Dominic; Jukschat, Nadine; Beelmann, Andreas; Bögelein, Nicole; Geng, Bernd; Glitsch, Edzard et al.: Radikalisierung im digitalen Zeitalter. In: forum kriminalprävention, Bd. 3, S. 23–32.

Lamnek, Siegfried (1977): Kriminalitätstheorien – kritisch, Anomie und Labeling im Vergleich. München: Wilhelm Fink Verlag.

Lamnek, Siegfried (1993): Qualitative Sozialforschung Bd. 1: Methoden und Techniken. Weinheim: Psychologie Verlags Union.

Lamnek, Siegfried (2007): Theorien abweichenden Verhaltens I: "Klassische" Ansätze. Eine Einführung für Soziologen, Psychologen, Juristen, Journalisten und Sozialarbeiter. Paderborn: Wilhelm Fink Verlag.

Matza, David (1990): Deliquency and Drift. New Brunswick: Transaction Publishers.

Matza, David (2010): Becoming Deviant. New Brunswick, New Jersey: Transaction Publishers.

Mayring, Philipp (2010): Qualitative Inhaltsanalyse. Grundlagen und Techniken. Weinheim: Beltz.

McCorkle, Lloyd W.; Korn, Richard (1954): Re- socialization Within Walls. In: The Annals of the American Academy of Political and Social Science (293), S. 88–98.

Minor, William W. (1980): The Neutralization Of Criminal Offense. In: Criminology 18 (1), S. 103–120.

Minor, William W. (1981): Techniques of neutralization. A Reconzeptialization and Empirical Examination. In: Journal of Research in Crime and Delinquency 18 (2).

Mletzko, Matthias (2010): Gewalthandeln linker und rechter militanter Szenen. Aus Politik und Zeitgeschichte. Bonn (44).

Neu, Viola (2012): Linksextremismus in Deutschland: Erscheinungsbild und Wirkung auf Jugendliche. Auswertung einer qualitativen explorativen Studie. Konrad-Adenauer-Stiftung e.V. Berlin.

Pfahl-Traughber, Armin (2000): Politischer Extremismus – was ist das überhaupt? 50 Jahre im Dienst der. Bundesamt für Verfassungsschutz. Köln, Berlin, Bonn, München (Bundesamt für Verfassungsschutz. 50 Jahre im Dienst der inneren Sicherheit).

Pisoui, Daniela; Ahmed, Reem (2016): Radicalisation Research – Gap Analysis. Ran Centre of Excellence.

Prim, Rolf; Tilmann, Heribert (2000): Grundlagen einer kritisch-rationalen Sozialwissenschaft. Wiebelsheim: UTB.

Prim, Rolf; Tilmann, Heribert. (1973): Grundlagen einer kritisch-rationalen Sozialwissenschaft. Heidelberg: UTB.

Ritchie, Jane; Spencer, Liz (1994): Qualitative Data Analysis for Applied Policy Research. In: Analyzing Qualitativve Data, S. 173–194.

Rustemeyer, Ruth (1992): Praktisch-methodische Schritte der Inhaltsanalyse. Eine Einführung am Beispiel der Analyse von Interviewtexten. Münster: Aschendorff Verlag.

Rüther, Werner (1975): Abweichendes Verhalten und labeling approach. Köln-Berlin: Heymann Verlag.

Sageman, Marc (2004): Understanding Terror Networks. Philadelphia: University of Pennsylvania Press.

Schmidt, Christiane (2010): Auswertungstechniken für Leitfadeninterviews. Unter Mitarbeit von Barbara Friebertshäuser, Antja Langer und Annedore Prengel. Weinheim: Juventa

Schnell, Rainer; Hill, Paul B.; Esser, Elke (1999): Methoden der empirischen Sozialforschung. München: Oldenbourg Wissenschaftsverlag.

Senatsverwaltung für Inneres und Sport. Abteilung Verfassungsschutz (2009): Linke Gewalt in Berlin 2003–2008. Berlin.

Simmerl, Georg (1908): Untersuchungen über die Formen der Vergesellschaftung. Berlin: Duncker & Humblot.

Sirseloudi, Matenia; Reinke de Buitrago, Sybille (2016): Konfrontative Feindbilder undihre Entstehungsbedingungen. Eine empirische Analyse entlang der Konfliktlinien „links- versus rechtsextremistisch" sowie „muslimfeindlich versus militant salafistisch". Hg. v. Kriminalistisches Institut (Bundeskriminalamt).

Strübing, Jörg (2013): Qualitative Sozialforschung: Eine komprimierte EInführung für Studierende. Oldenbourg: Oldenbourg Wissenschaftsverlag.

Sykes, Gresham M.; Matza, David (1957): Techniques of Neutralization: A Theory of Delinquency. In: American Sociological Review (6), S. 664–670.

Vascovics, Laszlo A. (1995): Subkultur und Subversion. In: Forschungsjournal Neue soziale Bewegungen 8 (2).

Weber, Max (1972): Wirtschaft und Gesellschaft: Grundriß der Verstehenden Soziologie. Tübingen: J. C. B. Mohr (Paul Siebeck).

Wendell Holmes, Oliver (1920): The Holmes-Pollok Letters: Howe.

Wikström, Per-Olof H. (2014): Why Crime Happens. A Situational Action Theory. Unter Mitarbeit von Gianluca Manzo. Hoboken: Wiley.

Wolfgang, Marvin E.; Feracuti, Franco (1982): Subculture of Violence. Toward an Integrated Theory. London: SAGE Publications.

Sekundärquellen

Beckhoff, Oliver (2016): Die Kosten des Hasses. Online verfügbar unter http://sz-magazin.sueddeutsche.de/texte/anzeigen/44319/Die-Kosten-des-Hasses.

Stöss, Richard (2007): Die "neue Rechte" in der Bundesrepublik. Online verfügbar unter http://www.bpb.de/politik/extremismus/rechtsextremismus/41435/die-neue-rechte-in-der-bundesrepublik?p=all.

Anhang

Anhang A: Codebuch

1 Zugang zur linksautonomen Szene
  1.1 Radikalisierung
  1.2 Zugang durch Musik
  1.3 Gründe für Interesse an der Thematik
    1.3.1 Antinationalismus
    1.3.2 Erfahrungen mit Diskriminierung
2 Bedeutung der Szene
  2.1 Position innerhalb der Gruppierung
  2.2 Gemeinsames Ziel haben
  2.3 Prägung durch Szene
  2.4 Lebensinhalt
  2.5 Hoher Stellenwert von Aktivismus
  2.6 Szene als Stütze
  2.7 Gesellschaftliche Distinktion
3 Bezug zu Subkultur
  3.1 Habitus als Praxis
  3.2 Heterogenität der Szene
  3.3 Gegenkultur
  3.4 Interaktion mit Gesellschaft
4 Gruppendynamische Faktoren
  4.1 Heroisches Subjekt
  4.2 Eigengruppe
  4.3 Restriktion und Distanzierung zu Mitgliedern
  4.4 Bezugsgruppen
    4.4.1 „Die Feigen"
    4.4.2 „Die Mutigen"
  4.5 Aktionskonsens
5 Hierarchien
  5.1 Geschlechtshierarchie
  5.2 Erfahrungswerte
  5.3 Angriff auf Egalitätsprinzip
6 Vorbilder

15 Reflexion PMG
  15.1 Hemmschwelle zur Gewaltanwendung
  15.2 Differenzierung Schwere der Taten
  15.3 Legitimation/Neutralisierung von Handlungen
    15.3.1 Zielführung als Voraussetzung
    15.3.2 Relativierung
  15.4 Veränderung Sichtweise auf PMG
16 Evaluation von PMG innerhalb der Szene
  16.1 Tendenz zu Gewaltbereitschaft
  16.2 Verschiedene Strömungen
17 Exogene Askriptionen
  17.1 Label
  17.2 Kritik an medialer Darstellung
  17.3 Auswirkungen und Reaktionen auf Zuschreibungen
    17.3.1 Resignation
    17.3.2 Positive Selbstdarstellung
    17.3.3 Motivation
    17.3.4 Kritik an Externen
  17.4 Ablehnung von Aktivitäten
  17.5 Zuspruch bei Aktivitäten
18 Veränderungen innerhalb der Szene
  18.1 Konstante Struktur
  18.2 Umschwenken auf präsente Themen
  18.3 Zunahme der Militanz
  18.4 Internationale Einflüsse
  18.5 Sicherheitsbedenken/Misstrauen
19 Abläufe von Aktionen
  19.1 Vorbereitung auf Aktionen
    19.1.1 Heterogenität in Planung und Aktionen
  19.2 Spontanität
  19.3 Gewalt als Ritus
  19.4 Beispiele stattgefundener Aktionen
  19.5 Akquirierung neuer Mitglieder

1 **Zugang zur linksautonomen Szene**

Dieser Code wird vergeben, wenn beschreiben wird, wie der Proband Zugang zur linksautonomen Szene gefunden hat. Dies schließt Personen, andere Subkulturen und den ersten Kontakt in der Szene mit ein.

Ankerbeispiele:

B1: ...hab mich dann sehr viel mehr damit auseinandergesetzt und bin dann selbstständig so auf Demos gegangen, das war so mit zwölf war ich auf meiner ersten Demo und genau (.) dann bin ich dabei geblieben, hab mich weiter informiert, weiter damit auseinandergesetzt und irgendwann hatte ich mal die Chance in eine Gruppe rein zu kommen, was ich davor auf Demos, weil ich relativ schüchtern war, mich nicht so getraut habe Leute anzusprechen, hatte ich paar Jahre später die Chance, in eine Gruppe reinzukommen, genau.

1.1 **Radikalisierung**

Dieser Code wird vergeben, wenn der Proband sich selbst oder der Szene/Gruppierung als radikal oder militant beschreibt. Dabei ist auch der Prozess einer Radikalisierung von Belang.

Ankerbeispiele:

B3: die Radikalisierung kam dann (..) vor (.) kam dann so im Rahmen der Aktion Arschloch, als 2015 auch so viele Geflüchtete nach Deutschland kamen und (..) Asylbewerberheime gebrannt haben und ich mir gesagt habe okay Alter, du musst was tun.

1.2 **Zugang durch Musik**

Dieser Code wird vergeben, wenn der Proband den Zugang zur Szene durch musikalisches Interesse beschreibt.

Ankerbeispiele:

B6: Ja, ich bin tatsächlich dann erstmal auch noch so in die (.) Punk-Szene reingerutscht

B3: Ich hab angefangen Musik zu hören (?), das lief sehr viel über Punkrock.

1.3 Gründe für Interesse an der Thematik

Dieser Code wird vergeben, wenn der Proband Gründe nennt, die sein Interesse an der linksautonomen Szene/Gruppierung oder der Thematik im Allgemeinen geweckt haben.

Ankerbeispiele:

B1: jetzt muss ich mich noch mehr reinhängen und noch mehr schauen woran das alles liegt, woran diese Diskriminierung liegt, warum es immer noch Leute gibt, die Hitler total geil finden

1.3.1 Antinationalismus

Dieser Code wird vergeben, wenn der Proband eine negative Haltung zu nationalstaatlichen Konstrukten einnimmt.

Ankerbeispiele:

B1: und deswegen im Endeffekt ist es so Nationen, Nationalisten egal welcher Art, also ich sehe mich als Anti-Nationalist und weil ich halt mich nicht mit einer Nation identifizieren will oder kann

1.3.2 Erfahrungen mit Diskriminierung

Dieser Code wird vergeben, wenn der Proband eigene Erfahrungen mit Diskriminierung der eigenen Person, oder anderen Personen thematisiert.

Ankerbeispiele:

B1: ich hatte irgendwann so nachdem es mich selber auch betroffen hat (.), weil meine Klasse relativ (.), also ja man kann schon sagen aus Nazis bestand und ich dann einen Tag nach meinem Geburtstag zurück kam und so gesagt wurde ja hier Russe und so, dann war das schon relativ schwierig und dann war ich davon selber betroffen

2   **Bedeutung der Szene**
Dieser Code wird vergeben, wenn die subjektive Bedeutsamkeit
der jeweiligen Gruppierung oder der Szene insgesamt thematisiert wird.

Ankerbeispiele:
B1: Momentan so ist das mein Lebensinhalt so.

2.1   **Position innerhalb der Gruppierung**
Dieser Code wird vergeben, wenn der Proband seine Position
innerhalb der Gruppierung reflektiert, das heißt, wie sich der
Proband selbst von inaktiv bis aktiv verortet.

Ankerbeispiele:
B6: Schon bei den Aktiven.

2.2   **Gemeinsames Ziel haben**
Dieser Code wird vergeben, wenn die Bedeutung der Szene mit
einem gemeinsamen Ziel oder ähnliche Überzeugungen erklärt
wird.

Ankerbeispiele:
B1: viele verschiedene Menschen zusammenfinden, die halt
trotzdem irgendwie ein Ziel haben oder (.) nahezu ein Ziel haben, also dass die zum Beispiel Teilziele verfolgen, die die anderen auch verfolgen, aber dass ein Ziel halt ein anderes ist (?)

2.3   **Prägung durch Szene**
Dieser Code wird vergeben, wenn die Szene/Gruppierung als
prägender Faktor beschrieben wird. Mit eingeschlossen in diesem Code ist eine Politisierung und Meinungsbildung unter
dem Einfluss der Szene/Gruppierung.

Ankerbeispiele:
B1: immer wieder neue Leute, die dazu finden und die dazu
kommen und wir versuchen auch möglichst viele Leute irgend-

wie zu politisieren und dafür zu begeistern, was wir machen und denen zu erklären, wie wir die Welt sehen

2.4 Lebensinhalt

Dieser Code wurde einmalig vergeben, da die Aussage sehr prägnant erschien. Der Proband beschreibt die Szene als seinen momentanen Lebensinhalt.

Ankerbeispiele:
B1: Lebensinhalt

2.5 Hoher Stellenwert von Aktivismus

Dieser Code wird vergeben, wenn Aktionismus oder Aktivitäten hervorgehoben werden, oder betont wird, dass sich bei Aktionen eingebracht wird.

Ankerbeispiele:
B1: ich bin schon sehr aktiv, also ich (.) bin (.) auf fast allen Aktionen dabei und versuche auch immer, irgendwie das finanziell einzurichten so, (..) aber ich kann mich jetzt nicht genau definieren als (..) für ne bestimmte Position irgendwie, mich positionieren, genau, weil (.) ich weiß nicht, also ich bin kein Mitläufer, weil ich mich da schon selber versuche zu informieren und keiner zu sein und ich auch selber den Ansporn hatte und den Antrieb hatte in die Gruppe reinzukommen.

2.6 Szene als Stütze

Dieser Code wird vergeben, wenn sich der Proband über die Szene/Gruppierung als Unterstützung oder Kraft spendendes Umfeld äußert.

Ankerbeispiele:
B1: Die Szene gibt irgendwo neue Kraft und so neuen Zuspruch, also wenn man mit Leuten zusammen ist, die dich halt so, egal wie du bist akzeptieren

2.7 Gesellschaftliche Distinktion

Dieser Code wird vergeben, wenn sich zur "Gesellschaft" distanziert wird. Einbegriffen sind hier gesellschaftliche Normen, die kritisiert werden und Systemkritik. Der Code beinhaltet eine Distinktion mit Unterteilung in Fremd- und Eigengruppe.

Ankerbeispiele:
B1: wir sind halt gegen Staat und Gesellschaft.

3 Bezug zu Subkultur

Dieser Code wird vergeben, wenn ein subjektives Verständnis des Begriffes "Subkultur" erläutert, oder beurteilt wird, inwiefern es sich bei der linken Szene selbst um eine Subkultur handelt.

Ankerbeispiele:
B6: Also jetzt bei meinem Verständnis von Subkultur (?) geht es ja eigentlich darum, (..) eine Art (?) Parallelgesellschaft zu haben, aber eben eine in Bezug auf die normale Gesellschaft sag ich jetzt mal. Das ist definitiv so, weil jeder in der linken Szene auch Teil der (..) großen, ganzen Gesellschaft ist, aber eben versucht, sich da ein bisschen da, sich einen Freiraum in der Subkultur zu schaffen. (..) Und (..) diese, es ist halt auch eine Gegenkultur. Also, das hat ja eine Subkultur ja meistens auch so an sich. Von dem her, finde ich das passt ganz gut, weil es halt quasi wie eine (.) ja, das Wort Subkultur sagt es ja eigentlich schon, also es ist eine Unterkultur. Die Leute aus der großen ganzen Kultur ziehen sich raus in eine kleinere Gesellschaft und (.) versuchen da halt, eine Gegenbewegung zu starten.

3.1 Habitus als Praxis

Dieser Code wird vergeben, wenn sich der Proband zu habituellen Erwartungen innerhalb der Szene und damit Hinweise auf einen möglicherweise szenetypischen Habitus gibt.

Ankerbeispiele:

B4: Also was Sprache angeht, auch was Kleidungsstil angeht, wenn Leute nicht unbedingt richtig gekleidet sind, dann werden sie vielleicht auch schon mal schief angeschaut, auch wenn man versucht, eigentlich genau das nicht zu machen, aber wenn jemand im Anzug kommt, dann (..) (beide lachen) ist das vielleicht auch komisch.

B3: Also so einen speziellen Typ gibt es da nicht, also es kommen halt keine Leute irgendwie im Anzug vorbei und sagen so jo, ich würd gern mitmachen. Die würden auch ein bisschen komisch angeguckt werden (..) und man würde sie erstmal fragen, ob sie jetzt Zivilpolizisten sind (?) (..) aber so generell (langgezogen) anderer Typus Leute, ja (..) es sind halt (...) ja ist halt, es ist, gibt schon ein Bild, also Leute, die jetzt richtig krass bürgerlich wären, die gehen eher zu anderen Gruppen, als zu uns.

3.2 Heterogenität der Szene

Dieser Code wird vergeben, wenn die linksautonome Szene als heterogen beschrieben wird.

Ankerbeispiele:

B4: also viele Leute sind ja Hippies, oder Punks. (.) Aber nicht alle (..), also weder alle, die subkulturell sind, sind links und auch nicht alle, die links sind, sind subkulturell

3.3 Gegenkultur

Dieser Code wird vergeben, wenn der Begriff Subkultur als "Gegenkultur" beschrieben wird, die sich gegen eine dominierende Kultur richtet.

Ankerbeispiele:

B6: Und (..) diese, es ist halt auch eine Gegenkultur. Also, das hat ja eine Subkultur ja meistens auch so an sich.

3.4 Interaktion mit Gesellschaft

Dieser Code wird vergeben, wenn die Akteure der linken Szene mit der Gesellschaft in Bezug gesetzt werden, da sie als Teil dieser begriffen werden.

Ankerbeispiele:

B6: Also jetzt bei meinem Verständnis von Subkultur (?) geht es ja eigentlich darum, (..) eine Art (?) Parallelgesellschaft zu haben, aber eben eine in Bezug auf die normale Gesellschaft sag ich jetzt mal. Das ist definitiv so, weil jeder in der linken Szene auch Teil der (..) großen, ganzen Gesellschaft ist

4 Gruppendynamische Faktoren

Dieser Code wird vergeben, wenn es um das Ausmaß des Einflusses geht, den die Gruppierung oder die Bezugsgruppen auf den einzelnen Akteur ausüben.

Ankerbeispiele:

B3: ich mein wir sind alle nur Menschen und wir, wir passen unser Handeln ein Stück weit der Gruppe an. Das ist insofern problematisch, als dass ich eventuell innerhalb der Gruppe Dinge tue, die ich sonst nicht tun würde.. (I: Okay also die Gruppe hat dann schon den Einfluss dann auch.) Natürlich, also wenn ich das leugnen würde, wäre ich hochgradig naiv.

4.1 Heroisches Subjekt

Dieser Code wird vergeben, wenn das Verhalten oder die Handlungen einer Person, oder diese selbst heroisch dargestellt werden. Darüber hinaus wird dieser Code bei einer Reflexion des eigenen oder des Verhaltens bei anderen Personen verwendet.

Ankerbeispiele:

B4: Und vielleicht auch, weil manche jungen Leute, die dann zur Polizei gehen, dass sie eben aus so einem (.) Männlichkeitsfetisch sag ich mal machen oder aus so einem Sich-Beweisen-Müssen heraus und dann halt da öfters Gewalt ausüben. (I: In-

wieweit gibt es das andersherum bei der Linken auch?) (...)
Mhm. (.) Selten (?), es gibt vereinzelt Leute, die damit ver-
suchen, sich zu profilieren (?). (..) Aber ich denke, da passiert
Gewalt aus anderen Gründen.

4.2 Eigengruppe

Dieser Code wird vergeben, wenn der Proband zwischen der
Eigengruppe (linksautonome Szene/Gruppierung) und der Gesellschaft außerhalb der Szene differenziert und dies durch Distinktion kenntlich macht.

Ankerbeispiele:
B1: bei uns in der Gruppe immer echt relativ schwierig, weil
wir so eine Gruppe sind, wir sind relativ offen

4.3 Restriktion und Distanzierung zu Mitgliedern

Dieser Code wird vergeben, wenn von der Zurückhaltung
durch andere Mitglieder der Gruppierung im Kontext von angewandter Gewalt oder Aktionen gesprochen wird oder sich
von diesen distanziert wird.

Ankerbeispiele:
B3: Es kommt nicht oft vor (?), es sind gerade (.) eben Stalinisten und Maoisten dazu bereit, aber es gibt dann halt auch einen
relativ breiten Konsens in der radikalen Linken, dass man mit
denen nichts macht.

4.4 Bezugsgruppen

Dieser Code wird vergeben, wenn sich der Befragte auf die Formierung von Bezugsgruppen im Kontext von Aktionen, wie
Demonstrationen, bezieht.

Ankerbeispiele:
B3: Ja ich denke das sind Sachen, die sind allgemein bekannt.
Man organisiert sich in Bezugsgruppen, man gibt der Bezugsgruppe einen Namen, den man rufen kann, damit man sich
sammelt (?).

4.4.1 "Die Feigen"

Dieser Code wird vergeben, wenn zwischen den Mitgliedern unterschiedlicher Bezugsgruppen differenziert wird und diese mit Merkmalen der körperlichen und geistigen Schwäche beschrieben werden.

Ankerbeispiele:

B1: ...mit Leuten in eine Gruppe gehen, die, wenn sie in der dritten Reihe stehen, schon fast einen Nervenzusammenbruch kriegen, weil sie das nicht mitansehen können

4.4.2 "Die Mutigen"

Dieser Code wird vergeben, wenn zwischen den Mitgliedern unterschiedlicher Bezugsgruppen differenziert wird und diese mit Merkmalen der körperlichen und geistigen Stärke beschrieben werden.

Ankerbeispiele:

B1: ...wer zum Beispiel Lust hat, in der ersten Reihe mitzulaufen, mit der Gefahr zusammengeschlagen zu werden (?)

4.5 Aktionskonsens

Dieser Code wird vergeben, wenn der Aktionskonsens im Rahmen von Aktionen betont wird.

Ankerbeispiele:

B1: erklärt auch nochmal, wer welchen Aktionskonsens hat, wer Lust auf welche Aktion hat

5 Hierarchien

Dieser Code wird vergeben, wenn die Einstellung zu hierarchischen Strukturen und deren Ausprägungen in der linksautonomen Szene beschrieben wird.

Ankerbeispiele:

B1: Gibt es nicht (I: Gibt es nicht, okay). Also gibt es tatsächlich in den seltensten Fällen und <u>wenn</u>, dann wird drüber gestritten und dann ist es bei uns auch so, dass diese Hierarchie tatsächlich aufgelöst wird, weil man sagt, auch die Person ist so ein bisschen hierarchisch und stellt sich so über andere

5.1 Geschlechtshierarchie

Dieser Code wird vergeben, wenn eine hierarchische Struktur innerhalb der Szene an dem Faktor "Geschlecht" festgemacht wird.

Ankerbeispiele:

B6: Aber halt auch, also jetzt nicht so, das (.) was (.) glaube ich jetzt in so (.) in so Selbstverwaltungsarbeiten zum Beispiel (.) da ist es oft so, dass glaube ich Frauen oft so die ja, hier Putzen und Ding aufgedrückt wird noch, also da merkt man das ein bisschen. (.) Ist jetzt bei uns auch wieder (..) nicht <u>so</u> schlimm, also, würde ich sagen. (..) Und auf, auf Aktionen (..) da ist es glaube ich nicht so, da kann jeder einfach frei sagen, oder jede einfach frei sagen, was er/sie machen will und dadurch (.) bilden sich einfach diese Bezugsguppen und innerhalb derer herrscht dann meistens eh Konsens, also da finde ich (.) ist jetzt glaube ich, da ist noch weniger Hierarchie eigentlich da.

5.2 Erfahrungswerte

Dieser Code wird vergeben, wenn eine hierarchische Struktur innerhalb der Szene durch Erfahrungen eines Mitglieds definiert wird, welches dadurch eine "höhere" Rangposition einnimmt.

Ankerbeispiele:

B3: wenn jetzt jemand selten da ist, dann hat er innerhalb der Gruppe halt weniger Einfluss, als jemand, der immer da ist und der, der ist einfach, also jemand, der regelmäßig oder immer da ist, ist halt viel akzeptierter, wird ernster genommen und (..) was aber auch verständlich ist, wenn jemand nur zwei Mal, drei Mal im Monat da ist, dann, oder ein Mal im Monat, alle drei Wochen keine Ahnung, dann hat der automatisch nicht denselben Einfluss auf die Gruppe, wie jemand anderes. Würde sich aber ändern, wenn die Person öfter da wäre.

5.3 Angriff auf Egalitätsprinzip

Dieser Code wird verwendet, wenn eine hierarchische Struktur innerhalb der Szene/Gruppierung als ein Angriff auf das Egalitätsprinzip, das heißt auf die Gleichstellung aller Mitglieder, gesehen wird.

Ankerbeispiele:
B1: die Person ist so ein bisschen hierarchisch und stellt sich so über andere, (..) da gibt es viele Leute, die sich nicht wohlfühlen in der Gegenwart der Person, ähm dann spricht man auch mit den Personen nochmal und sagt denen, die sollen sich entweder zurücknehmen, oder halt einfach nicht mehr kommen (lachend), also nicht ganz so krass, aber ja.

6 Vorbilder

Dieser Code wird vergeben, wenn Vorbilder genannt werden, die dazu beigetragen haben, das Bild von politisch motivierter Gewalt zu formen oder sich der Proband anderweitig zu dem Konstrukt "Vorbild" äußert.

Ankerbeispiele:
B1: Ja, also ich habe keine konkreten Vorbilder.

6.1 Ambitionierte Aktivisten

Dieser Code wird vergeben, wenn der Proband in Bezug auf Vorbilder von Aktivisten spricht, die ihn durch ihr ambitioniertes Verhalten beeinflusst haben.

Ankerbeispiele:
B5.2: Ja, eigentlich immer, wenn ich irgendwelche Leute, gesehen habe, die sich irgendwas halt <u>nicht</u> gefallen lassen (..) und (.) für sich selber gerade einstehen, für sich Verantwortung übernehmen (?) (.) und (..) die halt auch (.) einfach (.) eine Aktion durchziehen

6.2   Vorbild als hierarchische Abstufung

Dieser Code wird vergeben, wenn der Proband sich nicht mit Vorbildern identifiziert, sondern diese als eine hierarchische Abstufung betrachtet.

Ankerbeispiele:

B1: Ich finde das auch ein bisschen komisch mit den Vorbildern, weil man da jemanden über sich stellt und denkt so ja, von dem muss ich das jetzt glauben.

7   Einstellungen und Werte

Dieser Code wird vergeben, wenn sich zu konstanten Meinungsbildern und Einstellungen innerhalb der Szene/Gruppierung geäußert werden. Auch Themen, die in der Gruppierung vorherrschen, sind miteingeschlossen.

Ankerbeispiele:

B4: sind immer noch dieselben Themen wichtig, also vielleicht so die größten von uns sind Antikapitalismus, (.) gegen Rassismus oder rechte Strömungen insgesamt, viele, nicht alle sind religionskritisch oder areligiös

7.1   Individualisierung

Dieser Code wird vergeben, wenn der Proband über eine Abgrenzung zu bestehenden Identitätskonzepten spricht, seine eigene Identität durch Alterität und Distinktion ausdrückt. Auch eine Betonung der eigenen Verantwortlichkeit und Handlungsmotivation sind hier mitinbegriffen. Theorieverweis: Individualisierungstheorie nach Ulrich Beck

Ankerbeispiele:

B1: du kannst auch mal dagegen sein, oder du kannst dich auch mal wehren und für deine eigenen Rechte einstehen (..)
B1: Ich will jetzt nicht sagen, dass ich mein eigenes Vorbild bin, sondern einfach (lacht), ich habe einfach zu viel..aus zu vielen verschiedenen Richtungen mitgenommen.

B1: wenn sich das Individuum als Teil der Gesellschaft sieht, dann seh ich das Individuum trotzdem als Individuum und nicht als Teil der Gesellschaft

7.2 Befreiuung des Individuums

Dieser Code wird vergeben, wenn eine Handlung als Befreiung der eigenen Person angesehen wird. Der Code schließt zudem Freiheit als angestrebtes Ziel oder als Motiv einer Handlung mit ein.

Ankerbeispiele:
B6: da ein bisschen auszubrechen versucht, irgendwo auch aus dem (.) System, in dem wir jetzt leben, das halt jetzt mir nicht genug Freiheit gibt, nicht genug (..) Verwirklichung einfach auch.. versuchen, da auszubrechen, sich Freiräume zu schaffen und ein bisschen, ja. Gegen dem Strom auch zu schwimmen

7.3 Revolution als Utopie

Dieser Code wird vergeben, wenn sich zu angestrebten gesellschaftlichen/politischen Umbrüchen und Veränderungen geäußert wird.

Ankerbeispiele:
B3: ich mach das halt, weil ich nach einer Gesellschaft strebe, die so (langgezogen) (.), die halt, die ich halt für mich als eine bessere erachte und für, für andere Menschen auch (?) und auch für, vor allem für schwächere Menschen, also was heißt schwächere Menschen, für Menschen, die halt benachteiligt sind gegenüber der (langezogen) (..) je..an..gegenüber dem Großteil der Bevölkerung.

7.4 Toleranz/Offenheit

Dieser Code wird vergeben, wenn die linksautonome Szene/ eigene Gruppierung als offen und tolerant oder heterogen beschrieben wird. Der Code schließt sowohl das Auftreten nach außen ein, als auch die Einstellungen innerhalb der Szene.

Ankerbeispiele:

B1: auf der anderen Seite sind wir trotzdem noch so, dass wir sagen das ist was Gutes, dass unsere Strukturen so offen sind und (..) dass im Prinzip jeder mal vorbeischauen kann. Also klar, wir nehmen den jetzt nicht direkt mit in unsere Räumlichkeiten so, aber sich einfach mal mit denen treffen und bisschen reden, das funktioniert eigentlich immer

7.5 Solidarität

Dieser Code wird vergeben, wenn die Probanden sich mit Mitgliedern der eigenen Gruppierung/der linksautonomen Szene solidarisieren, deren Verhalten in Schutz nehmen oder verteidigen.

Ankerbeispiele:

B4: wenn die eher schon links sind, dann hat man generell schon mal eher ein Verständnis dafür, was gemacht wird, oder (.) versucht vielleicht auch, Sachen, die nicht okay sind, zu legitimieren (?)

7.6 Widerspruch zwischen Selbstbild und Handeln

Dieser Code wird vergeben, wenn eine Aussage zur Beschreibung einer Handlung im Widerspruch zu vorher genannten Prinzipien und dem beschriebenen Selbstbild der eigenen Person oder Gruppierung steht.

Ankerbeispiele:

B1: Der Kapitalismus ist halt der Punkt, an dem wir diesen Zwiespalt haben und wo wir halt drin leben und irgendwie versuchen das alles auszutreiben und worauf wir halt den Großteil zurückführen können so.

7.6.1 Pazifistisches Selbstbild

Dieser Code wird vergeben, wenn der Proband sich selbst, oder die Gruppierung/Szene als pazifistisch oder gewaltablehnend beschreibt.

Ankerbeispiele:

B1: linke Gruppierungen versuchen im Prinzip alles erstmal friedlich so. Man fängt nicht mit der Gewalt an, das ist so ein Grundkonsens

8 **Gegner der Szene**

Dieser Code wird vergeben, wenn typische Gegner der Szene beschrieben werden.

Ankerbeispiele:

B6: Hm (.) also für mich jetzt weniger (langgezogen). Also was ich jetzt in der Szene glaube ich, was man beobachten konnte, war, eben zum Beispiel mit diesen türkischen Nationalisten, dass die (..) das war lange ein blinder Fleck glaube ich. Also das war, (.) also da hatte man so diese..Angst jetzt (.) rassistisch zu agieren irgendwie, weil es eben Türken sind (?) und das war lange ein blinder Fleck, aber gerade mit (..) mit dem Kurdistankonflikt ist das dann eher wieder in den Fokus geraten, weil eben diese türkische Nationalisten ja geben kurdische Hinasken ziemlich gewalttätig agieren und (.) krass vorgehen, dass man da halt, ich glaube da hat sich das wieder ein bisschen mehr in den Fokus gerückt, dass die eben auch, also es sind genauso Nazis, wie Deutsche und es ist egal, ob es, (.) ja, ob es eben Deutsche oder Türken sind.

8.1 **Dichotome Kategorien "gut" und "böse"**

Dieser Code wird vergeben, wenn die Probanden zwischen der Eigen- (linksautonome Szene) und der Fremdgruppe (Gegner) insofern unterscheiden, dass sie das gegnerische Spektrum mit negativen Attributen versehen, die eigene Gruppierung jedoch im selben Kontext neutral oder positiv beurteilt wird. Somit wird ein nominales Kategoriensystem mit "böse" für die Gegner der Gruppe und "gut" für die eigene Gruppierung oder Person beschrieben.

Ankerbeispiele:

B1: ...davor Nazis in <u>unsere</u> Demo reingekommen sind und die dann aber, also die Nazis selbst so gut abgesichert waren durch die Polizisten, dass wir halt keinen Zugang mehr zu denen hatten und dass die im Prinzip <u>null</u> interessiert hat, dass wir demonstrieren (?)

B1: ...aber wir sehen halt auch so (.) keine Toleranz vor Intoleranz, also wir müssen jetzt nicht vor einem Nazi total tolerant sein

B6: Und (.) also ich glaube es waren drei, die wurden halt jeweils von den, von der Polizei halt auseinandergetrieben wieder.

8.2 Gegner innerhalb der Szene

Dieser Code wird vergeben, wenn sich auf Konflikte oder Gegner innerhalb der linken Szene bezogen werden.

Ankerbeispiele:
B3: aber es ist, die Konkurrenz ist untereinander schon auch da, also wenn ich jetzt in (...) keine Ahnung in eine stalinistische Gruppe reinkomme, ich würde früher oder später rausgeworfen werden, ist mir aber auch schon mal fast passiert

8.3 Ideologische Gegner

Dieser Code wird vergeben, wenn Personen, Konstrukte oder Institutionen, die aus ideologischen Gründen in das gegnerische Spektrum der linken Szenen fallen, genannt werden. Hierunter fallen Personen aus dem politisch rechten Spektrum, Faschisten, Rassisten, Sexisten, Kapitalismus oder Konservatismus.

Ankerbeispiele:
B6: Ja, also es gibt ein paar, wo ich es definitiv sagen würde (lachend), also Neonazis zum Beispiel sind gewalttätig

8.4 Institutionelle Gegner

Dieser Code wird vergeben, wenn staatliche oder private Institutionen genannt werden, die in das gegnerische Spektrum der linken Szene fallen. Dazu zählen die Regierung, der "Staat", die Polizei, Banken und Konzerne.

Ankerbeispiele:

B3: so der Staat nach wie vor, es ist nach wie vor die Polizei

8.4.1 Distinktion Staat

Dieser Code wird vergeben, wenn sich der Proband von staatlichen Institutionen, der Regierung oder dem Staat als Ganzes distanziert.

Ankerbeispiele:

B1: zumindest in (..) den Augen des Staates und das ist es halt für mich nicht.

8.4.2 Kritik an Exekutive

Dieser Code wird vergeben, wenn explizit die Exekutive in ihrer Handlungsweise, ihrem Auftreten, oder ihrer Existenz im Allgemeinen kritisiert wird. Dies kann im Kontext von Aktionen, Demonstrationen oder im Zuge einer Meinungsäußerung in diesem Code inbegriffen sein.

Kodierregel: Dieser Code wird nur vergeben, wenn explizit das Verhalten von Personen der Exekutive kritisiert wird. Handelt es sich um die Nennung der Exekutive als Gegner, siehe "Institutionelle Gegner".

Ankerbeispiele:

B5.2: und (.) auf der einen Seite gab es immer massive Polizeigewalt, also die ***** Reiterstaffel ist da (.) mit Pferden in Menschengruppen reingerannt, hat wahnsinnig viel Pfefferspray und Knüppel immer eingesetzt (?).

8.5 Wandel der Gegnerstruktur

Dieser Code wird vergeben, wenn sich ein Wandel in der vorherigen Gegnerstruktur innerhalb der Szene oder für den Probanden persönlich ergeben hat. Darunter fallen neue Gegner, die hinzukamen oder die Konzentration auf bestimmte Gegner.

Ankerbeispiele:
B6: Also was ich jetzt in der Szene glaube ich, was man beobachten konnte, war, eben zum Beispiel mit diesen türkischen
Nationalisten, dass die (..) das war lange ein blinder Fleck glaube ich. Also das war, (.) also da hatte man so dieses..Angst jetzt
(.) rassistisch zu agieren irgendwie, weil es eben Türken sind (?)
und das war lange ein blinder Fleck

8.6 Beispiel für Gegner

Dieser Code wird vergeben, wenn Gründe für das Einordnen
einer Person/Institution in das gegnerische Spektrum genannt
werden, oder die einzelnen Gegner spezifiziert werden.

Ankerbeispiele:
B5.2: also in *****, da war es so, dass das da sehr wenige (.) offenen Nazis auf der Straße gab, die jetzt irgendwie eine Gefahr
dargestellt haben, aber (.) auf der anderen Seite Göppingen,
oder (.) wenn du halt die autonomen Nationalisten in Göppingen hast (..) und die sich jetzt im dritten Weg organisiert haben,
(.) die sind halt schon wahnsinnig gefährlich. Da gab es ja auch
(.) wiederholt Angriffe auf das Wohnhaus von einem (.) Journalisten, Andreas Scheffel, den sie da halt seit Monaten terrorisie-
ren.

9 Definition Widerstand

Dieser Code wird vergeben, wenn versucht wird, den Begriff
"Widerstand" einzugrenzen und zu beschreiben.

Ankerbeispiele:
B6: Ne, Widerstand kann meiner Meinung nach auch gewaltlos
sein.

9.1 Grenze Widerstand/Gewalt

Dieser Code wird vergeben, wenn die Grenze zwischen Widerstand und Gewalt beschrieben wird. Eingeschlossen sind in diesem Code auch Überlegungen, inwieweit eine solche Grenze
existiert.

Ankerbeispiele:
B3: Wobei das dann halt, das kann halt auch immer sehr, das ist halt ein sehr fließender Übergang. (..) Von (...) sagen wir mal friedlichem oder passivem Widerstand zu aktivem Widerstand und damit das, was herkömmlich als Gewalt definiert ist, nämlich die physische Auseinandersetzung mit (..) der Sache, die man gerade scheiße findet, oder dem Gegner.

10 Definition politisch motivierte Gewalt

Dieser Code wird vergeben, wenn sich der Proband auf die Definition von politisch motivierter Gewalt bezieht, oder diese anhand von Beispielen beschreibt.

Ankerbeispiele:
B3: Gewalt ist die Ausübung von Herrschaft gegenüber einer Person oder einem Gegenstand. (..) Das ist, wenn ich, das das fängt damit an, dass ich ganz platt gesagt eine Nazidemo blockiere. (..) Das hört theoretisch damit auf, dass man letale Gewalt anwendet

10.1 Gegengewalt

Dieser Code wird vergeben, wenn die Definition von politisch motivierter Gewalt sich auf Gegengewalt oder Abwehr von Gewalt bezieht.

Ankerbeispiele:
B1: und ich glaub so auch, auch da ist es wieder teilweise zur Selbstverteidigungszwecken oder als Gegenwehr, weil halt Polizisten schon häufiger mal zum Schlagstock greifen, als sie greifen müssten.

10.2 Gewalt als Reaktion

Dieser Code wird vergeben, wenn sich der Proband dazu äußert, inwiefern die angewandte Gewalt eine Reaktion auf die Umwelt darstellt.

Ankerbeispiele:
B6: Also so wie ich die linke Szene einschätze, ist es immer eine Reaktion eigentlich

10.3 Gesetzliche Nonkonformität

Dieser Code wird vergeben, wenn politisch motivierte Gewalt als nicht mehr innerhalb des juristisch konformen Rahmens beschrieben wird, oder juristisch nonkonforme Handlungen beschrieben werden.

Ankerbeispiele:
B1: Politisch motivierte Gewalt hat mehr was damit zu tun, dass man (..) mehr offensiv gegen (..) sagen wir gegen die gesetzlichen Grenzen vorgeht, also man macht jetzt vielleicht das, was nicht mehr im gesetzlichen Rahmen liegt

11 Definition Gewalt

Dieser Code wird vergeben, wenn Definitionen zu dem Begriff "Gewalt" genannt werden, oder sich auf "typischerweise gewalttätige" Personengruppen bezogen wird.

Ankerbeispiele:
B1: Wenn man sich über einen anderen Menschen stellt, also (...) wenn man andere Leute irgendwie unterdrückt und (..) also sowohl psychisch als auch physisch.

11.1 Unterdrückung/Zwang

Dieser Code wird vergeben, wenn Gewalt als Unterdrückung oder Zwang, sowohl physischer, als auch psychischer Art definiert wird.

Ankerbeispiele:
B3: Das (.) in dem Falle halt, wie mit meiner vorherigen Definition dann halt Gesetz diese unterdrückende Gewalt ist.

11.2 Freiheitsentzug
Dieser Code wird vergeben, wenn Gewalt als Freiheitsentzug definiert wird.

Ankerbeispiele:
(I: Also ab welchem Punkt wird die Grenze zur Gewalt überschritten?)
B3: Das ist schwer zu sagen, (..) in dem Mom..ja, wobei in dem Moment, in dem ich eine Person, oder eine Gruppe in ihrer Freiheit einschränke. (...) Dann ist der, der Punkt für (langgezogen) zur, zur Gewalt überschritten.

11.3 Geschlechtsdifferenzierung Gewalt
Dieser Code wird vergeben, wenn sich auf geschlechtsspezifische Unterschiede in der Anwendung von Gewalt bezogen wird.

Ankerbeispiele:
B6: Männer sind immer grundsätzlich eigentlich gewalttätiger (lachend).

12 Sinn und Zweck der Gewaltanwendung
Dieser Code wird vergeben, wenn die Motive für Gewaltanwendung in politisch motivertem Kontext erläutert werden. Der Proband erklärt mit diesem Code den Sinn seiner Handlung.

Ankerbeispiele:
B6: Ein Zeichen zu setzen einerseits, andererseits ist es so wirklich auch (..) sich ein bisschen, ein bisschen die Wut rauslassen. Also dass, oft ist es, ich denk mir es ist schon oft (..) aus Selbstzweck zu einem gewissen Grad, aber (.) im Normalfall (lachend) geht es darum irgendwie ein Zeichen zu setzen, dann sagen, okay ich lass nicht alles mit mir machen, ja. Und ich, ich (..) finde das und das scheiße und (..) ja da (..) seh ich auch keine andere Möglichkeit mehr, dass noch, da irgendwas zu ändern und deswegen wende ich Gewalt an.

12.1 Einsatz für Minderheiten

Dieser Code wird vergeben, wenn sich der Proband zum Sinn und Zweck der Gewaltanwendung als Schutz oder Einsatz für Minderheiten äußert.

Ankerbeispiele:
B4: bei einer Blockade von einer Abschiebung zum Beispiel, wenn man dann Gewalt anwendet, erhofft man sich halt, dass eben die Personen nicht abgeschoben werden, dass auch Menschen, denen in Deutschland weniger Rechte zugutekommen, trotzdem dann irgendwie für die gekämpft wird und dass die halt (.) ja hier bleiben können und dass die halt eben mehr Beachtung finden zumindest mal.

12.2 Gewalt als einziger Ausweg

Dieser Code wird vergeben, wenn der Sinn und Zweck der Gewaltanwendung als einziger Ausweg beschrieben wird, der Proband sich demnach "gezwungen" sieht, Gewalt anzuwenden, um seine Ziele zu erreichen.

Ankerbeispiele:
B6: dann sagen, okay ich lass nicht alles mit mir machen, ja. Und ich, ich (..) finde das und das scheiße und (..) ja da (..) seh ich auch keine andere Möglichkeit mehr, dass noch, da irgendwas zu ändern und deswegen wende ich Gewalt an.

12.3 Gewalt als Ventil

Dieser Code wird vergeben, wenn der Sinn und Zweck der Gewaltanwendung in einer "Abreaktion" oder einer Reizabfuhr definiert wird, der Proband somit die angewandte Gewalt als Ventil nutzt, um sich "Luft zu machen".

Ankerbeispiele:
B6: und da hatten wir halt keinen Bock drauf, waren wütend und haben halt dann (...) ja (..) uns ausgelebt. Ausgetobt, sag ich mal.

12.4 Gewalt als Absicherung

Dieser Code wird vergeben, wenn sich über den Sinn und Zweck der Gewaltanwendung als Verteidigen und Absichern des eigenen Wohls geäußert wird.

Ankerbeispiele:
B4: Ich will jetzt da keine pauschale Aussage zu treffen, also ich denke, wenn man halt angegriffen wird, muss man sich verteidigen

12.5 Zwecknutzen

Dieser Code wird vergeben, wenn sich der Proband zum Zwecknutzen der Gewaltanwendung äußert.

Ankerbeispiele:
B5.2: Also, Ge..Gewalt also politisch motivierte Gewalt ist für mich ja kein Selbstzweck.
B1: ...ja also da ist meine Hemmschwelle, (...) also da kommt es mir tatsächlich so mehr auf den Nutzen an und was man mit der Aktion erreichen will

12.6 Aufmerksamkeit

Dieser Code wird vergeben, wenn mediale oder gesellschaftliche Aufmerksamkeit als Sinn und Zweck der Gewaltanwendung genannt werden.

Ankerbeispiele:
B1: ...dass vielleicht auch mal Medien darüber berichten, (...) warum und nicht nur dass es passiert ist (?) so

12.7 Mittel der Provokation

Dieser Code wird vergeben, wenn Gewalt als Mittel der Provokation thematisiert wird.

Ankerbeispiele:
B1: ...psychische Gewalt manchmal, um zu provozieren, obwohl ich das nicht unbedingt als psychische Gewalt auch sehe,

sagen würde, wenn ich einem Bullen sage, dass er extrem süß aussieht, mit seinem zehn Kilo schweren Hut auf dem Kopf bei 30 Grad im Schatten (lachend) so. Finde ich halt einfach nur lustig, den anzustressen bisschen

12.8 Aktive Handlungsblockade des Gegners

Dieser Code wird vergeben, wenn der Proband die Blockade einer gegnerischen Handlung als Sinn und Zweck von Gewaltanwendung nennt.

Ankerbeispiele:
B1: ...dann gehe ich nicht auf die Demo, um rumzulaufen und Parolen zu grölen, sondern um auch wirklich die Nazidemo zu verhindern

13 Selbst angewandte Gewalt

Dieser Code wird vergeben, wenn sich der Proband zu selbst angewandter Gewalt in politisch motiviertem Kontext äußert. In diesem Code sind zudem die beteiligten Personen mitinbegriffen.

Ankerbeispiele:
B1: ja genau, was ich noch vergessen hatte, dass wir durch eine Polizeikette durchgebrochen sind mal, die uns halt den Weg versperrt haben.

13.1 Betonung gesetzliche Konformität

Dieser Code wird vergeben, wenn der Proband die gesetzliche Konformität der eigenen Handlung oder die der Gruppe im Kontext der Gewaltanwendung betont.

Ankerbeispiele:
B6: jetzt letztes Jahr in ***** war eine Pegida-Demonstration und da hatten wir eben versucht, eine Sitzblockade versucht, eine Sitzblockade zu starten, also auch noch <u>friedlich</u> tatsächlich, ohne dass jetzt <u>wir</u> wirklich Gewalt anwenden.

14   Erfahrungen mit PMG
Dieser Code wird vergeben, wenn der Proband Erfahrungen mit subjektiv erlebter oder beobachteter Gewalt schildert.

Ankerbeispiele:
B6: (..) Jaaa (langgezogen), also wirkliche Verletzungen habe ich noch nicht davongetragen, aber halt (.) was man halt so macht, mal Tränengas einatmen und (.) hier mal einen Schlagstock, da mal ein Tritt, sowas kann natürlich immer vorkommen.

15   Reflexion PMG
Dieser Code wird vergeben, wenn der Proband angewandte Gewalthandlungen der eigenen Person oder innerhalb der eigenen Gruppierung reflektiert und beurteilt. Zudem werden reflektive Schilderungen der Perspektive auf PMG berücksichtigt.

Ankerbeispiele:
B3: Also man plant durchaus auch Gewalt (?) und der Umgang mit Gewalt ist halt einfach viel reflektierter

15.1 Hemmschwelle zur Gewaltanwendung
Dieser Code wird vergeben, wenn die eigene Hemmschwelle in der Anwendung von Gewalt beschrieben wird.

Ankerbeispiele:
B1: Prinzipiell niedrig, es kommt drauf an, was vorher als Ziel vereinbart wurde und wie, wie die Demo
(..) oder die ich sage mal, es ist meistens auf Demos, wie die ausartet, oder wie sie generell abläuft

15.2 Differenzierung Schwere der Taten
Dieser Code wird vergeben, wenn zwischen der Deliktschwere, beispielsweise in der Gewalt gegen Personen und Sachen, differenziert wird.

Ankerbeispiele:

B1: ja wenn man (..) über die härteren Sachen spricht, also im Gegensatz Blockaden oder so (..) wenn man sich jetzt (..) irgendwie (...) anders verhält, (lacht) sag ich mal irgendwie mit einem Pfefferspray oder so auf Polizisten losgeht

15.3 Legitimation/Neutralisierung von Handlungen

Dieser Code wird vergeben, wenn politisch motivierte Gewalt legitimiert, oder neutralisiert wird. Der Code enthält deduktive Elemente der Legitimierungs-/Neutralisierungsstrategien nach D. Matza und G. M. Sykes.

Ankerbeispiele:

B1: dass wir durch eine Polizeikette durchgebrochen sind mal, die uns halt den Weg versperrt haben. Fand ich insofern legitim, als dass davor Nazis in unsere Demo reingekommen

B1: Es ist sehr viel (...), es ist für mich persönlich sehr viel legitimierter geworden, also politisch motivierte Gewalt habe ich gelernt, zu legitimieren, weil mir selbst irgendwann bewusst wurde, dass ich nicht innerhalb eines gesetzlichen Rahmens handeln kann und handeln will

15.3.1 Zielführung als Voraussetzung

Dieser Code wird vergeben, wenn im Kontext der Reflexion von angewandter Gewalt die Zielführung dieser als Maßstab gesetzt wird.

Ankerbeispiele:

B1: es ist im Prinzip so, dass wir uns nach jeder Demo oder nach jeder Veranstaltung fragen, jo hey, was haben wir damit eigentlich jetzt letzten Endes erreicht so (?), davor auch schon, was ist unser Ziel? Aber was haben wir damit letzten Endes erreicht?

15.3.2 Relativierung

Dieser Code wird vergeben, wenn der Handlungen oder Verhaltensweisen relativiert werden. Dabei werden Handlungen erfasst, die positiv dargestellt werden, sowie negativ dargestellte Handlungen, die durch ein weiteres Argument ihre negative Konnotation verringern.

Ankerbeispiele:
B6: (..) Ja, (..) es war meistens jetzt nicht <u>so (langgezogen)</u> <u>dramatisch</u> würde ich sagen **B6:** Also Mülltonnen, keine Autos. (lacht)

15.4 Veränderung Sichtweise auf PMG

Dieser Code wird vergeben, wenn Faktoren genannt werden, die dazu beigetragen haben, dass sich das subjektive Bild von politisch motivierter Gewalt im Laufe der Aktivität innerhalb der Szene gewandelt hat. Mit inbegriffen ist in diesem Code auch, inwiefern sich das Bild gewandelt hat.

Ankerbeispiele:
B1: Es ist sehr viel (...), es ist für mich persönlich sehr viel legitimierter geworden, also politisch motivierte Gewalt habe ich gelernt, zu legitimieren

16 Evaluation von PMG innerhalb der Szene

Dieser Code wird vergeben, wenn das Meinungsspektrum zu Gewalt innerhalb der Szene/Gruppierung beleuchtet wird. Einbezogen wird in diesem Code auch die Beurteilung von Gewaltanwendung innerhalb der Szene/Gruppierung.

Ankerbeispiele:
B1: in (..) den meisten Fällen ist aber so, dass wenn Leute auf Demos unterwegs sind, dass die dann schon politische Gewalt, oder politisch motivierte Gewalt mehr verteidigen, als dass sie noch irgendwie davor zurückschrecken.

16.1 Tendenz zu Gewaltbereitschaft

Dieser Code wird vergeben, wenn der Proband bezüglich der Beurteilung von Gewalt in der Szene eine Tendenz zur Gewaltbereitschaft äußert.

Ankerbeispiele:

B6: Also es gibt schon (.), ich denk, ich denk mal die Mehrheit ist schon, würde ich als gewalt<u>bereit</u> einschätzen. (.) Also im Zweifelsfall.

B3: aber ich denke, der Großteil der radikalen Linken (..) ist (..) bereit, Gewalt anzuwenden, oder (.) steht zumindest hinter politisch motivierter Gewalt.

16.2 Verschiedene Strömungen

Dieser Code wird vergeben, wenn sich auf die Heterogenität in der Beurteilung von Gewalt innerhalb der Szene bezogen wird.

Ankerbeispiele:

B5.2: Aber zwischen den Gruppen, also das ist ganz unterschiedlich.

17 Exogene Askriptionen

Dieser Code wird vergeben, wenn stattgefundene Aktionen und die Reaktionen außerhalb der Szene miteinander in Beziehung gesetzt werden. Auch Zuschreibungen durch Akteure außerhalb der Szene sind in diesem Code eingeschlossen.

Ankerbeispiele:

B5.2: (..) Das ist auch unterschiedlich. Es gibt (.) Aktionen, die sehr gut wahrgenommen werden, sehr positiv (?) dann gibt es Aktionen, wie zum Beispiel den G20-Gipfel, der sehr negativ wahrgenommen wurde in der Öffentlichkeit. Es, es ist in vielen Fällen eine Sache der Berichterstattung, wie die abläuft und (.) auch inwie..inwieweit..also ob man als Priorität gesetzt hat, dass man jetzt Agitationen betreiben will, Inhalte zu vermitteln, oder ob man jetzt irgendwie einfach (.) eine Aktion durchführen will und (.) auf öffentliche Meinung recht wenig gibt in dem Fall.

17.1 Label

Dieser Code wird vergeben, wenn der Proband empfundene Zuschreibungen wiedergibt.

Ankerbeispiele:

B6: ...sondern weil halt die Leute vielleicht mal verstehen könnten okay, die haben eigentlich ganz gute Ideen und das ist vielleicht doch eine Alternative zu unserem System, was die sich so vorstellen. Und damit das halt nicht passiert, müssen das halt weiter die bösen Linken (.) Krawallmacher sein.

17.2 Kritik an medialer Darstellung

Dieser Code wird vergeben, wenn mediale Darstellungen der linksautonomen Szene kritisiert werden. Eingeschlossen sind hier Darstellungen der Szene, sowie stattgefundene Aktionen.

Ankerbeispiele:

B1: bei G20 hat auch niemand gesagt, dass Polizisten einfach in die Demo reingesprungen sind, bevor sie den Leuten gesagt haben, dass sie sich von den Vermummten, oder vom sogenannten "schwarzen Block" distanzieren sollen, so wurde auch in keinen Medien berichtet, das hörst du dann halt aus Erfahrungsberichten von Leuten, die halt wirklich da waren und ja.

17.3 Auswirkungen und Reaktionen auf Zuschreibungen

Dieser Code wird vergeben, wenn der Proband erläutert, wie sich die Zuschreibungen von "außen" auf die Szene/Gruppierung auswirken und wie darauf reagiert wird.

Ankerbeispiele:

B1: und so Texte schreiben dazu, oder Flyer, oder generell halt, einfach unter der Bevölkerung Aufklärung betreiben

B6: An sich jetzt auf die linken Gruppierungen in ihrem Handeln wirkt sich es eigentlich nicht aus, diese Zuschreibungen

17.3.1 Resignation

Dieser Code wird vergeben, wenn sich resignierend gegenüber Zuschreibungen von "außen" geäußert wird.

Ankerbeispiele:
B6: Aber an sich wird meistens halt so reagiert, ja, (..) die haben schon immer so über uns geschrieben und das werden die auch weiterhin machen, also es ist jetzt keine Verwunderung, oder irgendwie, (.) Frustration deswegen, aber es ist halt (..) ja (.) es ist halt so.

17.3.2 Positive Selbstdarstellung

Dieser Code wird vergeben, wenn die Szene/Gruppierung, oder die eigene Person in Reaktion auf Zuschreibungen von "außen" positiv dargestellt werden.

Ankerbeispiele:
B1: So eben kurz im Anschluss nach G20 irgendwie den AfD-Stand, am AfD-Stand stehen und irgendwie dort Flyer verteilen, das man halt zeigt, jo hey, das sind auch wir, wir sind nicht nur die Hooligans von G20 oder ja, der schwarze Block von G20, sondern wir sind halt auch so..und ja.

17.3.3 Motivation

Dieser Code wird vergeben, wenn sich der Proband infolge einer Zuschreibung von "außen" motiviert äußert.

Ankerbeispiele:
B1: Es ist motivierend, ein Stück weit

17.3.4 Kritik an Externen

Dieser Code wird vergeben, wenn infolge einer Zuschreibung von "außen" externe Mitglieder der linksautonomen Szene für ihre Handlungen kritisiert werden.

Ankerbeispiele:
B1: ...und auch viele Krawalltouristen da waren, die halt überhaupt nichts mit politisch, also die (..) deren Gewalttaten letzten Endes einfach nicht politisch motiviert waren, sondern die halt einfach Bock darauf hatten

17.4 Ablehnung von Aktivitäten

Dieser Code wird vergeben, wenn der Proband eine ablehnende Haltung der Gesellschaft gegenüber Aktivitäten der linksautonomen Szene beschreibt.

Ankerbeispiele:
B6: (lacht) Ja meistens sehr schlecht (lachend).

17.5 Zuspruch bei Aktivitäten

Dieser Code wir vergeben, wenn der Proband über Zuspruch der Gesellschaft bei Aktivitäten der linksautonomen Szene spricht.

Ankerbeispiele:
B1: Also es ist weitgefächert, wie gesagt gegen die AfD haben wir bisher relativ viel Zuspruch bekommen erstaunlicherweise

18 Veränderungen innerhalb der Szene

Dieser Code wird vergeben, wenn Veränderungen innerhalb der Szene bezüglich, Themen, Häufigkeit der Treffen, Akteuren oder Sicherheitsaspekten angesprochen werden.

Ankerbeispiele:
B6: Ja, also es werden auch in letzter Zeit zwar immer mehr, das ist tatsächlich noch ein Wandel, den man jetzt vielleicht noch sagen kann. (.) Aber (..) so, also es ist schon noch, es ist schon noch patriarchal geprägt auch sag ich mal. Es wird zwar versucht, dagegen vorzugehen, aber es ist halt (..) immer nur so halbwegs.
(lachend)

B4: Eigentlich auch nicht so stark. (..) So wie ich es beobachte, sind immer noch dieselben Themen wichtig, also vielleicht so die größten von uns sind Antikapitalismus, (.) gegen Rassismus oder rechte Strömungen insgesamt, viele, nicht alle sind religionskritisch oder areligiös, (..) was gibt es noch, (..) ja gut was ein recht emotionaler Begriff ist, ist diese Solidarität, der zum

Teil auch recht inhaltsl..leer bleibt. Also was in diesen (.) vier
Punkten so stattfindet, das hat sich nicht stark verändert.

18.1 Konstante Struktur

Dieser Code wird verwendet, wenn sich bezüglich Einstellungen, Prozessen und Werten innerhalb der Szene/Gruppierung
keine merklichen Veränderungen ergeben haben.

Ankerbeispiele:
B4: Also was in diesen (.) vier Punkten so stattfindet, das hat
sich nicht stark verändert.

18.2 Umschwenken auf präsente Themen

Dieser Code wird vergeben, wenn die Veränderungen innerhalb der Szene durch ein Aufgreifen von aktuellen gesellschaftlichen Themen gekennzeichnet sind.

Ankerbeispiele:
B4: Deswegen passt sich das zum einen ein bisschen daran an,
was gerade in den Medien ist, und zum anderen auch, was uns
persönlich halt beschäftigt.

18.3 Zunahme der Militanz

Dieser Code wird vergeben, wenn Veränderungen der Szene
mit einer zugenommenen Militanz beschrieben werden.

Ankerbeispiele:
B3: verändert, ich glaube (..), wir sind insgesamt militanter geworden, wir sind (..) eher bereit dazu, (..) Dinge zu tun, für die
wir strafrechtl..also für die wir theoretisch strafrechtlich (..) belangt werden können (?) (..). Wir sind eher bereit, auch Risiken
einzugehen (..) und und (..) uns mit den Institutionen auch anzulegen.

18.4 Internationale Einflüsse

Dieser Code wird vergeben, wenn Einflüsse durch internationale linke Gruppierungen beschrieben werden.

Ankerbeispiele:

B5.2: Es gibt halt (..) gerade seit 2008 ziemlich groß, gibt es in Griechenland ja militante, nihilistische (.) Strömungen, die halt (.) quasi Propaganda der Tat und (.) ja Banküberfälle, Bomb..oder (...?) Bomben sonst was propagieren. (..) So langsam schwappt das auch nach (.) Deutschland rüber, also in anderen Ländern, wie in Italien, oder Spanien, also in anderen europäischen Ländern, da gibt es die FAI, kennst du die, die informelle anarchistische Föderation, (..) da ist das schon eher verbreitet. In Deutschland (..) gibt es glaube ich langsam wieder eher Leute, die sich mit dem Thema auseinandersetzen, auch inhaltlich und daraus halt eine Perspektive entstehen kann

18.5   Sicherheitsbedenken/Misstrauen
Dieser Code wird vergeben, wenn sich der Proband zu (gestiegenem) Sicherheitsbedenken und (erhöhtem) Misstrauen äußert.

Ankerbeispiele:

B1: Ist leider passiert und es hat sich insofern was geändert, dass wir viel mehr auf die Sicherheit achten

19   Abläufe von Aktionen
Dieser Code wird vergeben, wenn der Proband sich zu Abläufen auf stattgefunden Aktionen, wie beispielsweise Demonstrationen, äußert. Hierzu zählen die Vorbereitung auf geplante Aktionen, der Ablauf während des Geschehens und damit einhergehend "typische" Handlungsmuster. Darüber hinaus wird der Grad von Spontanität in der Planung und Ausführung von Handlungen miteinbezogen.

Ankerbeispiele:

B6: Also wenn eine Gruppe (..) irgendwas organisiert hat quasi, oder (.) vorhat was zu machen, dann druckt sie halt vorher kleine Zettel aus irgendwie, die halt dann rumgegeben werden (.) also in der Demonstration schon und da steht halt irgendwie drauf ja wenn ihr Bock auf das und das habt, dann kommt da und da hin um die und die Uhrzeit (..) oder achtet auf das und das Signal, gibt es auch noch oft. (..) Und ja. So Zettel werden halt meistens danach irgendwie vernichtet oder (..) so, dass es halt sonst keiner es mehr liest. Also das gibt es auch halt schon oft.

B1: Im Normalfall sind Demos geplant, also es wird von bestimmten Gruppen organisiert und dann halt mobilisiert. Im Normalfall ist der komplette Ablauf geplant, es sind auch die Strecken geplant.

19.1 Vorbereitung auf Aktionen

Dieser Code wird vergeben, wenn die Vorbereitung auf bevorstehende Aktionen thematisiert wird. Eingeschlossen sind hier Akteure, Abläufe und Prozesse.

Ankerbeispiele:

B5.2: Das ist auch unterschiedlich. Es kommt auch auf die Menschen drauf an, wie viel Erfahrung sie haben (?). (Husten) Man klärt natürlich im Vorhinein ab, was möchte man machen, in dem Rahmen schaut man halt auch, wie muss man agieren? Agieren, also kann man jetzt einfach unvermittelt auf die Aktion gehen, oder sollte man eher aufpassen, dass man in keine Vorkontrollen reinkommt? (..) Teilweise gibt es (.) größere (.) Kongresse oder sowas, halt bei Konferenzen, so beim G20-Gipfel gab es ja (.) irgendwelche (.) Treffen, wo man sich halt (.) so als größere Gruppen sich getroffen haben und überlegt haben wie könnte das verlaufen.

19.1.1 Heterogenität in Planung und Aktionen

Dieser Code wird vergeben, wenn die Abhängigkeit von Aktionen und Umständen betont wird und auf eine starke Heterogenität verwiesen wird.

Ankerbeispiele:

B5.2: Nicht komplett spontan, aber man kann auch nicht auf alle Sachen eingehen

19.2 Spontanität

Dieser Code wird vergeben, wenn sich auf den Spontanitäts-grad der Aktionen bezogen sind, das heißt, inwieweit diese geplant sind, oder spontan ablaufen.

Ankerbeispiele:
B6: Und dementsprechend müssen wird halt da spontan agieren.

19.3 Gewalt als Ritus

Dieser Code wird vergeben, wenn PMG als Ritus beschrieben wird, der nach einem festen Schema mit gegenseitigen Erwartungen der konfligierenden Parteien abläuft.

Ankerbeispiele:
B6: Kommen wir da an, also am *****, am Zuggleis, Gleis (lacht). Und dann stehen da halt 600 italienische Anarchisten, die alle schon mit Motorradhelm und Knüppel bewaffnet sind (beide lachen), da dachten wir uns so, ja gut (lachend). Das ist (..) ja (.) und dann war es halt so, die Demonstration lief los (.) und in Italien läuft das halt ein bisschen anders als in Deutschland. Also, da wurden dann halt erstmal zehn Bengalos außen rum gezündet, dann ist halt die erste Reihe vorgerannt und hat halt mit Knüppeln auf die Polizei eingeschlagen. Also, obwohl es jetzt nicht so wirklich (.) Grund dazu gab irgendwie, aber es war halt (.) das ist da halt so ein bisschen die Demonstrationskultur, also das haben die Cops nicht anders erwartet und das haben die Demonstranten auch nicht anders erwartet. (..) Und, ja dann war das immer so ein Katz und Maus Spiel, also irgendwie hat der Block sich dann zurückgezogen, hat halt dann mit Steinen geworfen, die Polizei hat dann mit Tränengas geschossen, (lacht) und dann hat sich der Block halt wieder weiter zurückgezogen.

19.4 Beispiele stattgefundener Aktionen

Dieser Code wird vergeben, wenn sich der Proband zu stattgefundenen Aktionen äußert und deren Ablauf schildert.

Ankerbeispiele:

B5.2: Also in, in ***** ist zum Beispiel, also da ist im Februar glaube ich immer so eine geschichtsrevisionistische Veranstaltung von irgendwelchen Neonazis, die machen so einen Fackelmarsch, wegen der Bombardierung von ***** im 2. Weltkrieg und da findet sich am Anfang auch in den meisten Fällen eine Demo zusammen, die dann loszieht und dann ist es plötzlich (..) wie so ein Knall und (..) und Leute brechen aus, in irgendwelche Seitenstraßen und versuchen halt auf diesen Berg zu kommen da in ***** und irgendwelche Zufahrtswege zu blockieren, oder sonst irgendwie ranzukommen.

19.5 Akquirierung neuer Mitglieder

Dieser Code wird vergeben, wenn über das Anwerben von neuen Mitgliedern oder das Zugehen auf potenzielle Interessenten gesprochen wird. Auch das Verbreiten von Informationen, um andere Personen zu erreichen, fällt unter diesen Code.

Ankerbeispiele:

B1: das auch unter Leute bringen können, mehr, neue Leute anwerben, also zum Beispiel Flyer schreiben oder sowas, ja.

Anhang B: Interviewleitfaden

- Wenn du dich daran zurückerinnerst, wie ist es dazu gekommen, sich mit der linken Szene zu beschäftigen und selber aktiv mitzuwirken?
  - Welche besonderen Ereignisse haben dazu bewogen?
  - Was gibt dir die Szene, was bedeutet dir die Szene?
  - Wo siehst du dich, in welcher Position als Akteur in der Szene? Es gibt ja typische Po-sitionen in einer Gruppe wie Mitläufer oder aktive Mitglieder, wo siehst du dich?

- Ich habe auf dem Portal indymedia.org einen Link mit dem Namen „Subkultur&Politik" gefunden. Inwieweit passt der Begriff „Subkultur" auf die linke Szene? (Kannst du mit dem Begriff „Subkultur" etwas anfangen?)
  - Was verbindest du mit dem Begriff „Subkultur"?

- Inwieweit hat sich die Szene verändert, seit du dabei bist?
  - Inwieweit haben sich die Einstellungen oder Werte verändert? Gibt es neue Strömun-gen?
  - Inwieweit gibt es andere Gegner?
  - Welche andere Art von Personen ist in der Szene aufgetaucht?
  - Inwiefern haben sich die Aktivitäten der Szene verändert? Zum Beispiel die Organisa-tion und Häufigkeit von Treffen, Welche Personen kommen, Welche Themen sind dann wichtig, Wird mehr Wert auf Sicherheit gelegt?

- Die Rede ist von sogenannter „politisch motivierter Gewalt". Was bedeutet das für dich, was verstehest du darunter?
  - Wo ist für dich die Grenze zwischen politischem Widerstand und sogenannter „poli-tisch motivierter Gewalt"? Ist Widerstand immer mit Gewalt verbunden? Gehört Gewalt immer dazu?
  - Was verstehest du allgemein unter „Gewalt"?
  - Welche Bedingungen müssen gegeben sein, damit du eine Handlung als „Gewalt-akt" definierst? Ab welchem Punkt wird die Grenze zu Gewalt überschritten?

- Gibt es eine „Grenze" zur Gewalt?
- Ab wann ist etwas für dich Gewalt?
- Welche Art von Personen ist für dich gewalttätig?
- Wie sieht es mit Mitgliedern der linken Szene aus, die sich auf Demos oder ähnlichem körperlich einbringen, sind die für dich gewalttätig, zum Beispiel durch Steine werfen oder ähnliches? Wie würdest du so ein Verhalten beschreiben?
- Wie hat sich im Laufe deiner Aktivitäten in der Szene dein Bild von sog. Politisch mo-tivierter Gewalt geändert?
  - Weshalb?
  - Weshalb nicht?
- Welche konkreten Ereignisse gab es, die dafür verantwortlich waren?
  - Positive?
  - Negative?
- Welche Vorbilder gab oder gibt es?

— Unter welchen Umständen hast du selbst bisher Gewalt aus politischen Motiven angewandt? // Inwieweit hast du schon von sogenannter „politisch motivierter Gewalt" mitbekommen?
Inwieweit hast du selber schon mal Gewalt abbekommen? Gab es besonders einschneidende Erlebnisse?
- Wie kam es dazu?
- Zu welchem Anlass oder Zweck hast du Gewalt angewandt? // wurde die Gewalt an-gewandt?
- Welche Personen spielten dabei eine Rolle?
- Welche Gründe hast du dafür, selbst sogenannte „politisch motivierte Gewalt" anzuwenden?
- Was erhoffst du dir davon, sogenannte „politisch motivierter Gewalt" anzuwenden?
- Wie beurteilst du im Nachhinein die angewandte Gewalt?
- Wann ist sogenannte „politisch motivierte Gewalt" für dich unvermeidbar?
  - Wie ist deine persönliche Hemmschwelle bei der Anwendung sogenannter „politischer Gewalt" gesetzt?
— Welche Rolle spielt die Gruppe, bei der man dabei ist, auf Demos oder ähnlichem? Welchen Einfluss hat die Gruppe?

- Wie wirkt sich eine Hierarchie innerhalb der Gruppe aus?
- Wie wird sich auf Demos und/oder bevorstehende „Gewaltakte" vorbereitet? Wie läuft die Kommunikation zu Vorbereitung und Organisation ab?
- Wie schätzen Sie die Meinungen innerhalb der Gruppe zu sogenannter „politisch mo-tivierter Gewalt" ein? Welche Mehrheiten/Minderheiten und Strömungen gibt es?
- Welche Rolle spielt die Organisation in einer Gruppe beim Ablauf von Demos etc.?
  - Wie sieht der Ablauf von Demos etc. aus, ist das eher geplant oder spontan?
  - Wie kommt das? Warum glaubst du läuft das so ab?

- Wie werden Aktivitäten der linken Szene deiner Meinung nach von der Gesellschaft wahrgenommen?
  - Wie reagieren linke Gruppierungen darauf?
  - Welche Auswirkungen haben die Zuschreibungen?
  - Ergaben sich Veränderungen durch die Zuschreibungen?
- Inwiefern ist sogenannte „politisch motivierte Gewalt" eine Antwort oder Reaktion auf den Staat oder die Gesellschaft für dich?

Soziodemographie des Befragten

Geschlecht:

Alter:

Anhang C: Datenträger

Inhalt des Datenträgers:
- Bachelorarbeit
- Datenschutz- und Einwilligungserklärungen der Probanden
- Transkripte der Interviews